Cam i'r Gorffennol:

Safleoedd archaeolegol yng ngogledd Cymru

Rhys Mwyn

Argraffiad cyntaf: 2014

ⓗ Rhys Mwyn/Gwasg Carreg Gwalch

Rhif rhyngwladol: 978-1-84527-485-6

Mae'r cyhoeddwr yn cydnabod cefnogaeth ariannol
Cyngor Llyfrau Cymru

Cynllun clawr: Elgan Griffiths
Darlun clawr: Iwan Gwyn Parry

Cyhoeddwyd gan Wasg Carreg Gwalch,
12 Iard yr Orsaf, Llanrwst, Conwy, LL26 0EH.
Ffôn: 01492 642031 Ffacs: 01492 641502
e-bost: llyfrau@carreg-gwalch.com
lle ar y we: www.carreg-gwalch.com

Argraffwyd a chyhoeddwyd yng Nghymru.

Rhys Mwyn
2014

CAM I'R GORFFENNOL

Cyflwynaf y llyfr hwn

i Frances Lynch – hebddi hi mi fyddai 'ngwybodaeth am archaeoleg Cymru yn llawer tlotach

i Philip Barker am fy nechrau ar y daith

a Ken Brassil am fy ysbrydoli dros y blynyddoedd

Sganiwch y côd hwn, neu ewch i'r linc isod:
www.carreg-gwalch.com/llwybraurhysmwyn
er mwyn lawrlwytho'r tudalennau taith i'ch teclyn
clyfar neu'ch cyfrifiadur.

Cynnwys

Diolchiadau

Diolch arbennig i Angharad Price am awgrymu hyn yn wreiddiol, a Frances Lynch a Dave Hopewell am eu cymorth parod hefo ambell ffaith.

Nia Roberts, Gwasg Carreg Gwalch
Esther Roberts, Amgueddfa Gwynedd
Dave Chapman a Sue Chapman, Ancient Arts
Archifdy Gwynedd, Caernarfon.
Beaver
Adele Thackray, Stacy Birkett, Ffion Reynolds, Tristian Jones
    ac Erin 'Hillforts', Cadw
Ken Brassil
Caffi Grug, Botwnnog
Canolfan Felin Uchaf, Rhoshirwaun
Dafydd Rhys ac Anne Roberts, Cymdeithas Addysg y
    Gweithwyr Cymru
Peter Wynne Davies
Deian ap Rhisiart
Margaret Dunn, Grwp Dyddio Hen Dai Cymreig
Ein Treftadaeth
Neil Johnstone, Menter Môn
Bill a Mary Jones, Cymdeithas Hanes Dolwyddelan
Raymund Karl, Prifysgol Bangor
Frances Lynch
Geoff Marples
Dosbarth WEA, Bryncroes
Haf Meredydd a dosbarth WEA Y Lasynys Fawr
Dr Angharad Price
Dr Dafydd Roberts, Amgueddfa Lechi Cymru
John Roberts, Parc Cenedlaethol Eryri
Ieuan Thomas, fy nhad, am fod yn gwmni ar y daith
Nêst Thomas
Tom Guy, Morgan Hopkins, Dr Iestyn Jones, Jerry Bond,
    Trisgell
Kate Waddington, Prifysgol Bangor

Margaret Lloyd Williams

Nigel Jones, Jenny Britnell, Bill Britnell, Chris Musson,
Ymddiriedolaeth Archaeolegol Clwyd Powys

Andrew Davidson, Anita Daimond, Iwan Parry, David
Hopewell, Sadie Williams, Jane Kenney, Emily La Trobe-
Bateman, Roland Flook, Ken Owen, Dan Amour,
Ymddiriedolaeth Archaeolegol Gwynedd

Sarah McCarthy, Kathy Laws,Yr Ymddiriedolaeth Genedlaethol

Diolch hefyd i bawb a roddodd ganiatâd i mi ddefnyddio'u
lluniau yn y gyfrol hon.

Rhagair

'Be yn union wyt ti'n ei wneud?' Dyma gwestiwn y bydd pobol yn ei holi yn aml – hynny ydi, sut ydw i'n gwneud bywoliaeth, a beth yn union ydi fy ngwaith i. Yr ateb yr hoffwn ei roi bob tro ydi fy mod yn 'Gyfathrebwr'. Nid felly fydda i'n ateb, cofiwch, a'r dyddiau yma yr ateb gorau sydd gen i ydi fy mod 'yn ôl yn y Byd Archaeoleg'.

Ers fy nyddiau yn Ysgol Gynradd Llanfair Caereinion ddiwedd y 1960au rhoddais fy mryd ar fod yn archaeolegydd, ac ar ôl astudio cwrs gradd mewn Archaeoleg ym Mhrifysgol Cymru, Caerdydd rhwng 1980 ac 1983 cefais waith hefo Ymddiriedolaeth Archaeolegol Clwyd-Powys am y ddwy flynedd ganlynol.

Ond daeth tro ar fyd – roedd y Byd Pop Cymraeg yn galw, a'r grŵp pop roeddwn yn aelod ohono, Yr Anhrefn, yn gwneud argraff yn rhyngwladol. Treuliais y blynyddoedd rhwng 1986 a 1994 mewn grŵp roc Cymraeg yn teithio Cymru, Lloegr ac Ewrop. Yn ystod y 90au bûm fwy o reolwr na cherddor a datblygodd gyrfa arall fel rheolwr ac asiant i grwpiau pop – ond ni chollais fy niddordeb mewn archaeoleg a hanes Cymru, a threuliais bob penwythnos rhydd yn cerdded i weld rhyw gromlech neu faen hir yn rhywle.

Yn ddiweddar daeth y posibilrwydd o wneud bywoliaeth o fewn y Byd Pop i ben wrth i'r diwydiant recordio encilio, yn bennaf oherwydd cynnydd mewn lawrlwytho cerddoriaeth o'r We a newid arferion o ran mynychu cyngherddau, ac wrth i minnau agosau at fy hanner cant teimlais ysfa gref i ddychwelyd mwy neu lai yn llawn amser i'r maes archaeoleg.

Diolch i bobol fel Ken Brassil o'r Amgueddfa Genedlaethol am barhau i f'atgoffa dros y blynyddoedd fod angen mwy o Gymry Cymraeg yn y maes, ni chollais yr awydd i weithio yn y maes archaeoleg – cael yr amser oedd y broblem fawr.

Yn ystod Hydref 2010 daeth y trywel cloddio allan am y tro cyntaf ers yr 1980au gan i mi ymuno â chriw Ymddiriedolaeth Archaeolegol Gwynedd wrth iddynt gloddio ar safle un o lysoedd Llywelyn Fawr yn Nhy'n y Mŵd, Abergwyngregyn. Doedd dim wedi newid ers yr wyth degau o ran yr angerdd am gloddio yn y baw a'r awyr agored – roedd yn braf bod yn ôl.

Daeth cyfle wedyn yn 2011 i gynnal dosbarthiadau archaeoleg i'r WEA drwy Goleg Harlech, a dyma gynnal dosbarthiadau ym Mryncroes, Pen Llŷn. Cefais y fath gefnogaeth a brwdfrydedd ganddynt ym Mryncroes fel nad oedd dim troi'n ôl. Rwyf yn ddiolchgar iawn i bobol Llŷn am eu cefnogaeth. Hebddynt, dwi'n amau a fyddwn wedi sgwennu'r llyfr yma. Nhw a Ken Brassil oedd yr arwyddbyst roeddwn eu hangen.

Ond yn ôl at y cwestiwn o gyfathrebu – dyna mewn gwirionedd yw fy ngwaith heddiw. Edrychaf ar hyn i gyd fel modd o gyflwyno hanes Cymru i bobl, i'w wneud yn berthnasol mewn iaith ddealladwy yn hytrach nag iaith academaidd. Er bod archaeoleg o ran diffiniad yn astudiaeth o olion materol dyn, ac fe all hynny ddyddio o'r cyfnodau cyn hanes ysgrifenedig, mae'r maes hefyd yn ymestyn drwy'r Oesoedd Canol i olion diweddar dyn, boed hynny o'r Ail Ryfel Byd neu'n graffiti yn perthyn i'r ymgyrchoedd Iaith yn y 60au.

Bwriad y gyfrol hon yw bwrw golwg ar, a chyflwyno, safleoedd archaeolegol yng ngogledd Cymru, rhai yn gyfarwydd iawn a rhai yn llai amlwg, efallai, ond yn sicr mae pob un yn ddiddorol, ac rydw i'n gobeithio y byddwch yn manteisio ar y cyfarwyddiadau a'r map ar ddiwedd bob pennod er mwyn ymweld â phob safle.

Archaeoleg yw'r *Rock'n Roll* newydd.

Rhys Mwyn, Hydref 2014

'Edrych yn ôl drwy niwl amser'
Llun y clawr gan Iwan Gwyn Parry

Dehongliad Iwan Gwyn Parry o Fryn Cader Faner

Fy mwriad wrth greu dehongliad o Fryn Cader Faner oedd creu delwedd sydd y tu hwnt neu tu draw i amser penodol. Amser tragwyddol, fel petai. Delwedd sy'n awgrymu'r cerrig ar eu newydd wedd lle mae amser dynol yn cyferbynnu ag amser natur. Mae'r ddaeareg a'r dirwedd yn rhannu'r prosesau o greu a ffurfio'i gilydd, o'r garreg i ddiwylliant gwareiddiad hynafol y bobol hyn. Hefyd y syniad mai mynegiant ydyw cofadail, y ffaith fod dyn angen creu rhyw fath o gofgolofn ers cychwyn dynoliaeth, ac mae'n draddodiad sydd mor fyw a pherthnasol i bob cenhedlaeth drwy ddelwedd, cerflun a gair. Olion sydd wedi tanio fy nychymyg i greu rhywbeth gyda'r un meddylfryd. Delwedd sy'n gobeithio dal hud a lledrith y lleoliad hwn ac sy'n rhoi i'r darllenydd lygad a dychymyg iddynt edrych yn ôl drwy niwl amser.

Iwan Gwyn Parry, haf 2014

Ôl Nodyn:

Yn hwyr yn y dydd daeth yn amlwg i mi fod yn rhaid i lun y clawr gael ei beintio gan Iwan Gwyn Parry. Rwyf yn edmygydd mawr o'i waith – dyma un o arlunwyr mawr y Gymru fodern, gyda'i waith yn pontio'r ugeinfed a'r unfed ganrif ar hugain. Fe gerddodd y ddau ohonom i Fryn Cader Faner ddiwedd Mai 2014 i roi'r byd yn ei le ac i baratoi syniadau ar gyfer y clawr.

Nawr, ar ôl gweld y llun, rwyf yn difaru f'enaid na fyddwn wedi gofyn i Iwan greu'r ddelwedd ar ddechrau'r broses sgwennu yn hytrach na'r diwedd, oherwydd mae o wedi gosod her inni gyda'r llun hwn. Nid delwedd yn ysbryd Turner neu Kyffin geir yma gan Iwan ond rhywbeth agosach i ysbryd Burne-Jones.

Dyma ein herio i ailddehongli, i ailddiffinio, gan ofyn ym mha ffordd neu ffyrdd mae'r cofadeiliau yma'n berthnasol i ni heddiw. Dyma ddelwedd arallfydol sydd hefyd yn rhamantaidd ac yn ysbrydoli.

Dyma lyfr sy'n werth ei brynu am y clawr yn unig – yr her fawr i mi felly yw gwneud cyfiawnder â champwaith Iwan. Petai'r llun o fy mlaen ar ddechrau'r broses sgwennu dwi'n siŵr y byddwn wedi cael fy nylanwadu ganddo – a phwy a ŵyr, efallai wedi sgwennu pethau yn wahanol. Ond dwi'n argyhoeddedig fod llun Iwan wedi dal yr union ysbryd ac yn gofyn yr union gwestiynau rydw i wedi ceisio'i wneud drwy fy ysgrifau.

RhM

Rhwng miri meini miniog – mae yno:
Rhys Mwyn ger garegog
Weddillion oes goronog
A rhin ias hen Dir na nÓg.

Huw Dylan Owen

13

Beth yw Archaeoleg?

Mae'n werth gofyn y cwestiwn hwn rwy'n credu – beth yn union yw archaeoleg? Yn y bennod yma, rydw i'n bwriadu ceisio diffinio'r ddisgyblaeth, taro cipolwg ar archaeoleg yn ei holl amrywiaeth a chynnig safleoedd yma yng ngogledd Cymru sydd efallai yn herio dipyn ar y diffiniad o archaeoleg.

Hoffwn gychwyn hefo diffiniad cyffredinol, a dyma'r ddau sydd i weld yn crisialu'r peth orau, heb gyfeirio at unrhyw gyfnodau penodol. Y cynnig cyntaf yw 'astudiaeth o hanes dyn drwy gloddio a chofnodi safleoedd ac astudio gwrthrychau' – ond mae'n bwysig hefyd ychwanegu'r geiriau pwysig 'olion materol dyn', felly dyma uno'r ddau: 'astudiaeth o hanes a diwylliant dyn drwy astudio olion materol dyn'.

Mae'n bwysig cofio bod modd astudio olion materol dyn drwy gloddio archaeolegol neu drwy gofnodi. Yn y byd sydd ohoni does dim modd, o ran amser, adnoddau nag arian, cloddio pob safle felly mae'r broses o gofnodi, tynnu lluniau, mesur ac astudio yn hollbwysig. Y pwynt arall hollbwysig yw ei bod yn hanfodol cyhoeddi adroddiadau neu rannu gwybodaeth gyda'r cyhoedd, neu mae unrhyw waith cloddio neu ymchwil yn cael ei ddibrisio. Does fawr o werth i adroddiadau sy'n sefyll yn unig ar silffoedd y byd academaidd – ac mae llai byth o werth i waith cloddio os na chyhoeddir adroddiad o gwbwl. Rhannu gwybodaeth ac addysgu pobol am eu / ein hanes yw'r holl bwynt!

Wrth ymchwilio i wahanol ddiffiniadau o archaeoleg, bu i mi ddod ar draws un annisgwyl, ac yn sicr y mwyaf doniol ohonynt i gyd, gan anthropolegydd o'r enw Kent V. Flannery: '*the most fun you can have with your pants on*'. Fel y byddaf yn dweud yn aml, pan fyddwn yn cloddio yn y mwd a'r baw, yn y gwynt a'r glaw, hwyl yw'r peth olaf sydd ar ein meddyliau – ond yn sicr mae'r dyfyniad yma'n cydnabod angerdd archaeolegwyr at eu maes!

Dyfyniad gwych arall sy'n dweud y cyfan yw'r un yma gan David Hurst Thomas: '*Archaeology is not what you find but what you find out*'. A dyma i chi beth ddywedodd yr archaeolegydd byd-enwog hwnnw, Indiana Jones, '*Archaeology is the search for fact, not truth'*. Does dim modd curo hynna, nag oes?

Dros y blynyddoedd, mae archaeolegwyr y byd archaeoleg 'traddodiadol', sef y cyfnodau cynhanesyddol hyd at yr Oesoedd Canol, yn raddol wedi cydnabod bod olion y canrifoedd diweddar, sef y rhai ar ôl yr Oesoedd Canol, hefyd yn gallu bod yn 'archaeoleg'. Y ddadl fawr ar un adeg, wrth gwrs, oedd y rhwyg hwnnw rhwng archaeoleg draddodiadol ac archaeoleg ddiwydiannol – oedd yn ymwneud ag olion y Chwyldro Diwydiannol. Eto, diolch i'r drefn (a synnwyr cyffredin) does bellach ddim anghytuno. Olion materol dyn yw olion materol dyn!

Graffiti'r FWA a'r Lone Wolf ar bont reilffordd Machynlleth

Er hyn, yn ei lyfr rhagorol ar archaeoleg ddiwydiannol gogledd-orllewin Cymru mae Dr Dafydd Gwyn yn dal i herio fod mwy o waith i'w wneud, gan awgrymu bod ei lyfr yn ymateb i hyn, ac wedi ei ysgrifennu:

> ... with a dissatisfaction at the way in which we attempt to come to terms with this society as an historical phenomenon through its material evidence – the study that goes under the name industrial archaeology.

Yr hyn sy'n bwysig i ni yma yng Nghymru yw ein bod yn cymryd diddordeb ym mhob agwedd o archaeoleg a hanes Cymru. Wrth reswm, bydd pobl yn ymddiddori neu arbenigo mewn cyfnodau a meysydd gwahanol, ond mae gwaith yr Ymddiriedolaethau

Archaeolegol yng Nghymru bellach yn sicr yn eang iawn o ran cyfnodau a diddordebau archaeolegol. Y pedair Ymddiriedolaeth Archaeolegol yng Nghymru yw Gwynedd, Clwyd-Powys, Dyfed a Morgannwg-Gwent.

Rhaid i mi gyfeirio cyn mynd ymhellach at O. G. S. Crawford, swyddog archaeoleg cyntaf yr Ordnance Survey yn y 1920au. Ysgrifennodd lyfr oedd yn rhestru popeth oedd o'i le â Phrydain, *Bloody Old Britain*; llyfr oedd mor feirniadol o bethau Prydeinig, boed hynny'n daclau neu'n fiwrocratiaeth, fel na chyhoeddwyd ef. Y teimlad ar y pryd, a Phrydain yn wynebu rhyfel yn erbyn yr Almaen, oedd fod Crawford yn llawer rhy sinigaidd a rhywsut byddai ei feirniadaeth yn niweidiol i ysbryd y genedl.

Heddiw, mae darllen ei sylwadau yn dangos dyn yn ei iawn bwyll oedd wedi colli amynedd gyda systemau oedd un ai ddim yn gweithio neu'n mynd yn groes i synnwyr cyffredin. Mae sylwadau Crawford yn ddoniol a hawdd uniaethu â nhw. Un o'i gwynion mwyaf doniol oedd am safon lletty gwely a brecwast ym Mhrydain. Drwy ei waith yn teithio'r wlad yn cofnodi safleoedd archaeolegol ar gyfer mapiau'r Ordnance Survey roedd Crawford yn gwybod cystal â neb am ansawdd gwely a safon brecwast!

Roedd Crawford wedi sylweddoli mor fuan â'r 1920-30au fod olion materol dyn yn prysur ddiflannu a bod wir angen eu cofnodi cyn iddynt ddiflannu. Dyn a'i gamera oedd Crawford, dyn o flaen ei amser, yn tynnu lluniau o hen bympiau petrol, graffiti ar waliau a nodweddion o ddiddordeb, rhai llai amlwg o safbwynt archaeolegol yn ogystal â'r meini hirion, y cromlechi a'r bryngaerau arferol.

Roedd y gallu gan Crawford i adnabod nodweddion yr oedd angen eu cofnodi, er enghraifft y graffiti, nad yw'n rhywbeth parhaol. Rydym yn ffodus heddiw fod Kitty Hauser wedi sgwennu cofiant i Crawford – o'r enw *Bloody Old Britain* – ac er mor ddoniol yw barn Crawford, yr hen ddyn blin, mae ei waith yn ysbrydoli rhywun i fynd allan i ddarllen y dirwedd ac i adnabod y nodweddion hynny sy'n olion materol dyn. Mae'r sgìl o ddarllen tirweddau'n gwella'n dealltwriaeth ni o'r llefydd arbennig sydd ar drothwy ein drysau.

Rhaid cyfaddef fod darganfod gwaith a hanes O. G. S.

Crawford a darllen llyfr Kitty Hauser wedi fy ysbrydoli i agor fy llygaid i dirwedd Cymru a dechrau edrych ar fwy na'r meini hirion amlwg. Bron na allwn awgrymu ei fod fel dysgu darllen!

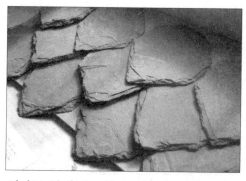

Llechi to Rhufeinig a ddarganfuwyd yn Nhremadog

Rwyf yn dadlau felly fod archaeoleg yn ddisgyblaeth eang a chynhwysfawr, yn cynnwys olion materol dyn o ddechrau Oes y Cerrig hyd at y presennol.

Un agwedd sydd yn sicr yn pontio archaeoleg draddodiadol a diwydiannol yw'r defnydd o lechi to yma yng Nghymru. Mae sawl ffynhonnell bellach sy'n profi fod y Rhufeiniad wedi defnyddio llechi to – darganfuwyd llechi wrth gloddio Teml Mithras ger 16 Lôn Arfon, Caernarfon (Cyfeirnod Map OS: SH 487623) yn 1959, ychydig i'r dwyrain o Gaer Rufeinig Segontium. Yn ôl adroddiad Boon (1960) llechi Cambriaidd lleol a ddefnyddiwyd ar gyfer y to, a'r llechi unigol yn mesur 16' × 14'. Tybir bod o leiaf tri chyfnod o adeiladu i'r deml, rhwng 200 oed Crist a diwedd cyfnod y deml, sef oddeutu 350 oed Crist. Yn ôl Boon, ni ddefnyddiwyd llechi to yng ngaer Segontium tan y 3edd ganrif. Mewn adroddiad yn *Archaeologica Cambrensis* mae modd gweld lluniau o rai o'r llechi o Deml Mithras gyda thwll hoelen sgwâr ym mhob un ar gyfer eu dal ar y to.

Canfuwyd mwy o lechi to Rhufeinig pan fu Ymddiriedolaeth Archaeolegol Gwynedd yn cloddio ar safle baddondy Rhufeinig (Cyfeirnod Map OS: SH 557401) cyn adeiladu ffordd osgoi Tremadog / Porthmadog, ac mae rhai o'r llechi yma bellach i'w gweld yn Amgueddfa ac Oriel Gwynedd, Bangor.

Yn ddiweddarach (2013) bu gwaith cloddio ar fferm Llwydfaen ger Tal-y-cafn, Dyffryn Conwy, gan Dr Iestyn Jones o Archaeology Wales, gwaith a ffilmiwyd ar gyfer rhaglen deledu *Olion* ar S4C. Unwaith yn rhagor canfuwyd llechi to – er, yn yr

Caban Ponc Australia, Dinorwig

achos yma roedd y rhan fwyaf wedi chwalu, sy'n awgrymu bod y llechi cyfan wedi eu hailgylchu yn y gorffennol.

Wrth i ni ddechrau cloddio yn Llwydfaen, roedd lluniau o'r awyr gan Toby Driver o'r Comisiwn Brenhinol yn awgrymu y bu yma, efallai, eglwys Normanaidd, ond o fewn munudau i ddechrau cloddio a darganfod darnau o arian Rhufeinig, daeth yn weddol amlwg ein bod wedi darganfod adeilad o'r cyfnod hwnnw. Roedd ochr gron i un darn o'r adeilad, nodwedd a all awgrymu safle teml. Gan fod caer Rufeinig Caerhun (Cyfeirnod Map OS: SH 776703) ychydig i fyny'r dyffryn doedd hi ddim yn sioc fawr darganfod mai safle Rhufeinig ydoedd.

Efallai fod llechi to adeilad Rhufeinig Llwydfaen wedi cael eu hailgylchu, a'r hyn yr oeddem yn ei ddarganfod oedd y gweddillion, y sbwriel nad oedd yn werth ei gadw a'i ail ddefnyddio. Cafwyd hoelion Rhufeinig o fewn yr adeilad gyda choes a

Gweler y twll sgwâr ar gyfer yr hoelen

thrawstoriad sgwâr, pob un wedi ei ffurffio yn unigol gan forthwyl. Felly, pan ddaeth oes yr adeilad i ben, tybed a gludwyd y rhan helaeth o waliau'r adeilad a llechi'r to ymaith i'w defnyddio mewn adeilad arall?

Mae darn bach o hanes yma, hanes llechen y to, sydd efallai heb ei werthfawrogi'n llawn. Roedd y Rhufeiniaid yn defnyddio llechi Cymreig, felly mae hanes hir i'r defnydd ohonynt ganrifoedd cyn y Chwyldro Diwydiannol.

Safle rwyf yn hoffi ei ddisgrifio fel rhyw fath o amgueddfa neu 'archaeoleg byw' yw Caban Ponc Australia, Chwarel Dinorwig, lle mae cotiau, sgidiau a

Chwarel Dorothea

mygiau te'r chwarelwyr wedi cael eu gadael fel yr oeddynt yn 1969. Anodd yw cyrraedd y safle, a rhaid wrth ganiatad gan First Hydro os ydych am ymweld â'r lle, ond heb os, dyma un o'r safleoedd archaeolegol mwyaf diddorol yng ngogledd Cymru. Mae'r caban wedi ei ffosileiddio er 1969 ac, ar y cyfan, wedi ei barchu. Hynny yw, does neb wedi dwyn y gwrthrychau – er bod awgrym fod geifr gwyllt wedi bod yn cnoi rhai o'r cotiau!

Mae hyn yn arwain yn daclus yn ôl at y cwestiwn o edrych ar y dirwedd ôl-ddiwydiannol – ac un o'r pethau roedd Crawford yn ymddiddori ynddyn nhw oedd graffiti. Ydi hwn yn archaeoleg? Wrth gerdded drwy chwarel Dorothea deuthum ar draws y darn uchod o graffiti, sef yr A fawr mewn cylch, y symbol am Anarchiaeth.

Tybiaf fod y graffiti yma'n perthyn i'r cyfnod pan oedd teithwyr amgen (*travellers*) yn aros yn yr hen chwarel, a'r cyfnod o drefnu partïon awyr agored (*free parties*) neu 'Raves', sef digwyddiadau anghyfreithlon lle byddai cerddoriaeth ddawns neu 'tecno' yn cael ei chwarae drwy systemau sain drwy'r nos.

Dyma chi enghraifft wych, os nad at ddant pawb, o beth all ddigwydd i dirwedd ôl-ddiwydiannol. Dyma stori sydd heb ei chofnodi – rhywbeth ddigwyddodd yn y cyfnod 1994–95 cyn dyfodiad y ffonau symudol sy'n gallu ffilmio pob dim a throsglwyddo'r cynnwys i'r we neu You Tube mewn chwinciad.

Yr anhawster hefo darnau o graffiti fel hyn yw nad oes modd eu dyddio'n bendant a'u rhoi yn eu cyd-destun, felly awgrym yn unig yw'r cysylltiad hefo'r 'Raves' ond yn sicr mae'n un opsiwn posib.

Gorsaf reilffordd Bala

Enghraifft arall o graffiti hynod ddiddorol yw hwnnw ar bont rheilffordd gorsaf Bala (Rheilffordd Llyn Tegid) o'r llythrennau 'F.W.A.' sef y Free Wales Army. Eto, y cwestiwn amlwg mae'n rhaid ei ofyn yw a ydi'r graffiti yn wreiddiol o'r 1960au, sef cyfnod y F.W.A., neu'n deillio o gyfnod diweddarach? Mae'n anodd sicrhau pa gyddestun sydd i'r graffiti, ond waeth pryd y paentiwyd ef, mae'n graffiti sy'n adrodd rhan o hanes Cymru, ac o fewn tafliad carreg yn ddaearyddol i Lyn Celyn, lle boddwyd pentref Capel Celyn a Dyffryn Tryweryn yn 1965.

Mae modd dyddio'r graffiti ar bont reilffordd Machynlleth yn weddol gywir, lle gwelir y graffiti 'Cofiwn Lone Wolf' sy'n cyfeirio at Glyn Rowlands (1938-2009). Aelod o'r F.W.A. oedd Glyn a oedd yn cael ei adnabod fel y 'Lone Wolf of Corris'. Yn sicr, yn yr achos yma, fe ymddangosodd y graffiti rywbryd yn y cyfnod yn dilyn ei farwolaeth ar 22 Awst neu o gwmpas adeg ei angladd ar 1 Hydref 2009.

Gallwn roi cyd-destun i'r graffiti ym Machynlleth, ond buan iawn mae'r paent yn gwisgo i ffwrdd, ac oni bai bod cofnod ffotograffig yn cael ei gadw, bydd y graffiti a'i neges yn mynd yn angof. Dyma lle mae archaeolegwyr traddodiadol yn cael eu herio. I ba gategori mae'r graffiti F.W.A. yn perthyn?

Diddorol, os nad eironig, yw bod y graffiti F.W.A. ar olion archaeolegol diwydiannol – sef pontydd rheilffordd a chwareli megis Dorothea – ond a yw'r archaeolegwyr diwydiannol yn gweld gwerth cofnodi graffiti ar dirwedd ôl-ddiwydiannol neu bontydd rheilffyrdd?

Enghraifft arall yw'r graffiti o'r 19eg ganrif sy'n ymddangos ar gapfaen beddrod Barclodiad y Gawres ym Môn (Pennod 3). Pwy sydd am gofnodi hyn? Mae'n rhan o'r stori, yn sicr, ac yn achos Barclodiad y Gawres yn arwydd o ddiddordeb mewn henebion o'r fath yn y cyfnod Fictoraidd – cyfnod y picnic penwythnosol.

Mae digonedd o enghreifftiau o graffiti cymharol ddiweddar ar gromlechi. Rwyf wedi sylwi ar graffiti ar gromlech Ystumcegid a Rhoslan yn Eifionydd, eto yn dyddio o'r 19eg ganrif. Eto, awgrymaf fod cofnodi hyn oll yn brosiect i rywun yn rhywle.

Rhywbeth arall, dybiwn i, fyddai wedi bod wrth fodd Crawford yw'r hen bympiau petrol ar ochr y ffordd yn Llanrug. Rwyf wedi tynnu ambell lun ohonynt, wedi cyfeirio atynt mewn darlithoedd a hyd yn oed wedi eu dangos i Americanwyr tra oeddwn yn eu tywys o amgylch Eryri. Rwy'n siŵr y byddai Crawford hefyd wedi tynnu llun – a'r cwestiwn yma yw am ba hyd y bydd y rhain yn cael llonydd?

Yn 2014 cyhoeddwyd bod yr archaeolegydd Bill Britnell yn ymddeol o Ymddiriedolaeth Archaeolegol Clwyd-Powys ar ôl gweithio yno ers 1975, a threfnwyd Ysgol Undydd yn yr Amwythig i ddathlu ei waith. Un o seminarau'r prynhawn oedd cipolwg ar ei waith yn edrych ar dirwedd archaeolegol ardal Llangollen. Roeddwn wrth fy modd pan welais fod Britnell, fel rhan o'r arolwg eang yma, wedi edrych ar y dirwedd ddiwylliannol ac wedi cynnwys Merched Llangollen a John Cowper Powys, y nofelydd, bardd ac anarchydd, fel rhan o'r arolwg.

Roeddwn mor falch o weld astudiaeth o'r dirwedd archaeolegol a oedd yn cynnwys y dirwedd ddiwylliannol yn ogystal. (Mae pethau wedi datblygu llawer ers i mi ddechrau gweithio gydag Ymddiriedolaeth Archaeolegol Clwyd-Powys yn ôl yn yr 1980au. Mae'r iaith Gymraeg yn fwy amlwg erbyn hyn!) Dyma sut beth ddylai archaeoleg Gymreig fod – rhywbeth perthnasol, heb ffiniau. Rhywbeth sy'n ymwneud â Chymru a Chymreictod o'r gorffennol i'r presennol. Rhywbeth nad yw ofn herio a chwalu ffiniau ac ailddiffinio. Fel y mynegodd yr hen bosteri rheini ar ddiwedd y 1960au: 'Popeth yn Gymraeg'. Heb y Gymraeg, mi fyddai archaeoleg Gymreig yn unllygeidiog – ond heb Gymry Cymraeg i ymddiddori ac ymwneud â'r maes mi fydd yn anoddach newid pethau. Rhaid i ni Gymry Cymraeg gymryd perchnogaeth.

1. Ffatri Fwyeill Neolithig Mynydd Rhiw

Cyfnod: Neolithig (5ed – 3ydd mileniwm cyn Crist)

Saif Mynydd Rhiw ar ochr ddeheuol Penrhyn Llŷn rhyw 3.5 milltir i'r dwyrain o Aberdaron. Mae i'w weld yn glir o'r ffordd o Fotwnnog i Aberdaron, y B4413. Mewn gwirionedd, tydi Mynydd Rhiw yn fawr o fynydd o'i gymharu â'i gefndryd yn Eryri – cwta 304 medr uwch lefel y môr ydyw, ond mae'n fynydd sydd â hanes hir iddo. Dyma fynydd yr 'hen bobol', pobol sydd wedi byw a ffermio yma ers amser maith – tirwedd hynafol yn gorwedd mewn ardal sy'n parhau i deimlo fel petai amser rhywsut yn symud yn arafach, a da o beth yw hynny.

Rwy'n hoff o'r term 'yr hen bobol' gan ei fod yn cyfleu ein cyndeidiau, pobol oedd yma yn y cyfnodau cynhanesyddol. Nhw sy'n ein cysylltu ni heddiw â'r darn yma o dir, a thrwy ddod i adnabod yr hen bobol, rydym yn closio at ein hanes. Dyma sydd yn ein diffinio ni fel Cymry, a'n cysylltu â'r tir.

Mae fy niddordeb mawr ym Mynydd Rhiw yn deillio o gynnal dosbarthiadau nos ar ran Cymdeithas Addysg y Gweithwyr (WEA) yng Nghanolfan Bryncroes lle bûm yn trafod Henebion Pen Llŷn ac Archaeoleg Gogledd Cymru gyda chriw lleol sydd wedi mynychu yn eu niferoedd ac wedi rhoi'r fath groeso i mi dros y blynyddoedd. Teg yw dweud fy mod yn teimlo'n freintiedig iawn fy mod wedi cael eu cwmni, a chael y cyfle i ddysgu cymaint ganddynt am eu hardal hynod.

Yr hyn sy'n amlwg mewn ardal fel hon yw bod y boblogaeth yn perthyn mor agos i'r lle; mae yma wreiddiau dwfn sy'n mynd yn ôl dros genedlaethau, mae yma drysor o wybodaeth am enwau caeau a nodweddion ar y tirlun, am ffynhonnau a llwybrau ac am deuluoedd a phobol. Gwybodaeth gyfoethog yw hon sydd wedi ei throsglwyddo ar lafar o un genhedlaeth i'r llall, o dad i fab ar y ffermydd. Rwy'n dysgu rhywbeth newydd bob tro y byddaf yng nghwmni pobol Pen Llŷn.

Bu i mi wahodd dosbarth Bryncroes draw i weld gwaith

Mynydd Rhiw

cloddio archaeolegol dan ofal Prifysgol Bangor ar dir fferm Meillionydd yn ystod haf 2012. Cawsom drafodaeth ynglŷn â lle byddai trigolion y fryngaer yn cael dŵr yn gynnar yn Oes yr Haearn – gallai'r criw enwi ac adnabod safleoedd ffynhonnau cyfagos mor ddidrafferth â dweud 'bore da'.

Y safle mwyaf adnabyddus ar Fynydd Rhiw yw'r ffatri fwyeill Neolithig, sy'n dyddio o gyfnod yr amaethwyr cyntaf ym Mhen Llŷn, a hon fydd yn cael fy mhrif sylw yma – ond yn sicr, un o amcanion y bennod hon fydd cyflwyno'r syniad fod llawer mwy i stori'r mynydd na'r ffatri fwyeill Neolithig yn unig, er mor bwysig yw honno. Dyma fynydd y gallwn ei ddisgrifio fel 'tirwedd archaeolegol': mae'n gyfoethog o olion a chreiriau sy'n dyddio'n ôl i ganrifoedd cyn Crist, ac yn wir mae'r llethrau is yn parhau i fod yn dir amaethyddol hyd heddiw, yn glytwaith o gaeau a thyddynnod.

Cafodd y ffatri fwyeill ei darganfod ar hap, a hynny o'r awyr yn 1956 wrth i A. H. A. Hogg wneud gwaith arsylwi ar ran Comisiwn Brenhinol Henebion Cymru yn sir Gaernarfon. Yr hyn welodd Hogg o'r awyr ar lethrau gogleddol Mynydd Rhiw oedd olion crwn, pantiau yn y tir bron fel soseri; ac er bod yr olion hyn o dan y pridd digon rhesymol oedd iddo eu dehongli fel olion cytiau crynion – neu 'gytiau'r Gwyddelod' fel yr adwaenir hwy ar lafar gwlad – ond buan iawn y daeth Hogg i ddeall ei fod wedi camddehongli'r hyn a welsai.

Digon cyffredin yng ngogledd-orllewin Cymru yw cytiau crynion o'r fath. Olion cartrefi pobol yw'r rhain gyda sylfaen o furiau cerrig ar ffurf cylch, wedyn byddai fframwaith pren y tu mewn iddynt i ddal y to o wellt neu dywarch. Ar y cyfan, mae'r cytiau crynion yn dyddio o Oes yr Haearn a'r cyfnod Rhufeinig. Cartrefi'r brodorion lleol yn hytrach nag unrhyw Wyddelod fyddai'r tai crynion hyn. Sgwarnog arall i'w dilyn yw tarddiad y disgrifiad 'cytiau'r Gwyddelod' oherwydd yn sicr nid Gwyddelod oedd yn byw ynddynt (gweler Pennod 8).

Dangosodd gwaith maes diweddarach gan y Comisiwn Brenhinol, yn dilyn llosgi eithin ar y mynydd, fod olion gweithio cerrig yn y 'cytiau'. Yn wir, ymdebygai'r sbwriel yma i'r math o ôl-gynnyrch neu naddion a geid o weithio callestr (*flint*) i greu offer ac arfau megis bwyeill. Hyd heddiw mae cannoedd ar gannoedd o'r naddion hyn i'w gweld yn y pantiau.

Nid cytiau crynion oedd Hogg wedi eu gweld o'r awyr felly, ond olion gweithio cerrig yn dyddio'n ôl i gyfnod y ffermwyr cyntaf, y cyfnod Neolithig (4000–2000 cyn Crist). Yn ôl canlyniadau profion radiocarbon gan Steve Burrow o'r Amgueddfa Genedlaethol yn 2006, bu cyfnodau o waith cloddio yma am y garreg rhwng 3750–3100 cyn Crist a chyfnod arall o gloddio rhwng 2400–2200 cyn Crist.

Bu i'r archaeolegydd Chris Houlder gloddio ar y safle ym Medi 1958 ac wedyn yn Ebrill 1959. Darganfuwyd mai olion chwareli oedd y tyllau crynion, a bod hyd at bum twll yn rhedeg un ar ôl y llall i fyny ochr y mynydd. Roedd y 'chwarelwyr' cynnar a fu'n gweithio yn y tyllau chwarel hynny wedi eu cau ar eu holau gyda sbwriel y twll nesa bob tro, wrth ddilyn yr haenen o graig dan sylw ar hyd ochr y mynydd.

Rhywsut neu'i gilydd fe lwyddodd y ffermwyr cynnar i adnabod y siâl Ordofcaidd lleol oedd ag ochrau miniog iddo, ac a holltai wrth ei daro – yn debyg iawn i sut yr holltai callestr. Sylweddolodd y ffermwyr rheini fod y garreg yma'n addas i greu offer o bob math, o fwyeill i grafwyr, o gyllyll i offer naddu pren. Roedd y garreg yma'n ddefnyddiol iawn iddynt: dyma'r Swiss Army Knife Neolithig i bob pwrpas!

Filiynau o flynyddoedd yn ôl bu i wres folcanig ymwthiol ddylanwadu ar y siâl hwn, ac o'r herwydd, roedd y garreg yn hollti fel y gwnâi callestr i greu'r arfau. Ond yr hyn

Y crafwyr a grëwyd gan Dave Chapman

sydd yn fwy syfrdanol yw bod y wythïen hon o siâl yn gorwedd o dan tua phedair troedfedd o waddod a adawodd y rhewlif ar ei ôl; bod yr haenen o siâl prin ddwy droedfedd a chwe modfedd o ddyfnder a bod y chwarelwyr Neolithig wedi dilyn yr haenen hon o dan y ddaear ar ongl o tua 25 gradd drwy gloddio agored.

Yn ôl Steve Burrow o'r Amgueddfa Genedlaethol (2007) mae'n bur debyg i'r cerrig gael eu darganfod ar yr wyneb, a bod y 'crefftwyr' cerrig wedi sylweddoli wedyn fod haenen i'w dilyn dan y ddaear. Credaf ei bod yn bwysig ein bod yn gwerthfawrogi i hyn ddigwydd 5,000 o flynyddoedd yn ôl, ac mai'r chwarelwyr hyn yw'r rhai cynharaf y gwyddom amdanynt yng ngogledd Cymru.

Mae'r wythïen yma yn ffenomenon ddaearegol gymharol unigryw yng ngogledd Cymru. Math arall o graig, sef carreg igneaidd (*augite granophyre* neu *microdiorite*), yw'r garreg yn ardal Craig Lwyd, Penmaenmawr, lle ceir yr unig olion eraill o ffatri fwyeill yng ngogledd Cymru o'r cyfnod yma. Felly mae cerrig Mynydd Rhiw a Chraig Lwyd yn wahanol o ran eu cyfansoddiad, ond oherwydd eu caledwch a bod modd eu naddu, cawsant yr un math o ddefnydd yn ystod y cyfnod Neolithig.

Nodwedd arall hynod ddiddorol sy'n perthyn i dyllau chwarel Mynydd Rhiw yw bod olion defnydd diweddarach arnynt, a hynny rai canrifoedd ar ôl i'r tyllau gael eu llenwi. Mae dyn wedi cynnau tân yn y tyllau a'u defnyddio fel llochesau tra oedd allan yn gweithio ar y mynydd, yn hela neu'n ffermio – yn syml, roedd y tyllau yn gilfachau bach clyd oedd yn ddigon dwfn i lechu ynddynt rhag y gwyntoedd iasoer. Yn ei adroddiad o'r gwaith cloddio mae Houlder yn nodi pa mor wyntog ac oer y gall hi fod ar Fynydd Rhiw, felly does dim syndod fod dyn wedi chwilio am loches rhag y gwynt a'r glaw:

> There is certainly no inducement to linger on the hillside at the present day; every wind that blows is accuentuated by being swept over the rounded shoulder of the hill, and contributes to the stunted condition of the vegetation.

Y tebygrwydd yw bod y chwarelwyr Neolithig wedi torri'r garreg yn y fan a'r lle i greu cerrig o faint addas i'w cario oddi ar y mynydd, a bod y broses o orffen siapio'r bwyeill a'r offer wedi ei gwblhau yn ddiweddarach mewn manau mwy clyd – yn ôl yn y fferm neu'r pentref. Roedd yn arferol yn y cyfnod Neolithig i greu bwyeill bras (*roughouts*) ar gyfer eu dosbarthu, a bod y gwaith o'u naddu a'u siapio'n llyfn yn digwydd mewn man arall, efallai gan y rhai oedd wedi archebu'r fwyell.

Ar gopa Mynydd Rhiw mae olion o leiaf pum carnedd gladdu, sef twmpathau o gerrig yn dyddio o'r Oes Efydd, 1500–700 cyn Crist. O deithio ar hyd y B4417 i gyfeiriad Pen-y-groeslon mae'r carneddau'n ymddangos ar y gorwel ac i'w gweld yn glir ar ben Mynydd Rhiw. Does dim cysylltiad amlwg rhwng y rhain â'r amaethwyr cynnar oedd yn gyfrifol am y ffatri fwyeill rai canrifoedd ynghynt – fel soniais, mae profion dyddio radiocarbon Burrow (2007) yn awgrymu'r cyfnodau 3750–3100 cyn Crist a

2400–2200 cyn Crist ar gyfer y gwaith o gloddio, sydd rai canrifoedd cyn codi'r carneddau claddu. Mae'n berffaith bosib, wrth gwrs, fod cloddio am y garreg neu ddefnydd o'r garreg wedi parhau yn ystod yr Oes Efydd, ond nad oes tystiolaeth dyddio radiocarbon wedi ei ddarganfod o'r cyfnod hwnnw hyd yma.

Byddai pobol yng nghyfnod y ffatri fwyeill Neolithig wedi claddu eu meirwon, yn sicr aelodau pwysica'r gymdeithas, mewn cromlechi; yn aml gyda sawl corff o fewn yr un gromlech. Mae beddrodau o'r cyfnod yma i'w gweld ar dir Tan y Muriau (Cyfeirnod Map OS: SH 238288), Cefn Amwlch (SH 229345) a Llwynfor / Bronheulog ger Rhiw (SH 231281). Felly, mae'r carneddau claddu o gyfnod diweddarach – ond yr hyn sy'n cysylltu'r ffatri fwyeill â'r carneddau claddu yw'r ffaith fod y mynydd yn amlwg yn bwysig i'r gymdeithas, ac efallai, erbyn yr Oes Efydd a'r cyfnod carneddau claddu, fod elfen sanctaidd i'r tir uchel yma.

Mae cromlechi yn tueddu i fod yn gofadeiliau llawer mwy na charneddau'r Oes Efydd. Gorweddai capfaen sylweddol ar ben meini er mwyn creu siambr i'r gromlech ac wedyn fe gleddid yr holl beth o dan domen neu garnedd. Mae carneddau Oes Efydd yn gallu bod yn gylch o gerrig neu'n bentwr o gerrig, fel arfer yn gorchuddio cist neu un bedd yn y canol.

Erbyn yr Oes Efydd a'r carneddau claddu roedd y ffasiwn, fel petai, wedi newid – trodd y pwyslais tuag at gladdu'r unigolyn, ac yma gwelir rhes o garneddau claddu ar gopa'r mynydd, dipyn yn uwch o lefel y môr na'r cromlechi. Mae'n rhaid holi pwy fyddai'n gymwys i gael ei gladdu yn un o'r carneddau yma: ai'r crefftwyr ynteu'r arweinwyr? Ychydig a wyddom mewn gwirionedd

Carnedd gladdu yn yr eira

Gwaith manganîs Mynydd Rhiw

– prawf digamsyniol fod testun mwy o ymchwil yma.

Y cwestiwn amlwg, efallai, yw beth oedd hanes y dyn cyffredin. Lle roedd y werin bobol yn cael eu claddu? Ai ni heddiw sydd heb ddarganfod eu beddau, ynteu a oedd eu claddedigaethau yn rhai di-seremoni mewn twll yn y ddaear, neu hyd yn oed bod y cyrff yn cael eu gadael yn rhywle? Yn sicr, nid yw nifer y cromlechi a'r carneddau yr ydym yn ymwybodol ohonynt yn cyfateb i nifer y boblogaeth. Mae gwaith diweddar Jane Kenney o Ymddiriedolaeth Archaeolegol Gwynedd (Kenney 2014) yn dangos fod olion esgyrn wedi eu hamlosgi o'r Oes Efydd i'w cael heb garreg neu garnedd i'w dynodi neu eu hamlygu, felly'r tebygrwydd yw mai ni, yr archaeolegwyr, sydd heb ddod o hyd i ddigon o feddau o'r math yma.

Ar lethrau gogleddol a gorllewinol Mynydd Rhiw mae nodweddion archaeolegol cwbl wahanol i'r hyn a welir ar y copa. Mae'n bosibl gweld tair enghraifft o safleoedd cylchfur dwbl: llociau bychain yw'r rhain, prin y gallwn eu disgrifio fel bryngaerau; maent yn debycach i gymunedau amaethyddol gyda dwy ffos a chlawdd yn eu hamddiffyn. Maent yn dyddio o'r Oes Efydd Hwyr (tua 900–700 cyn Crist) ac yn sicr yn nodweddiadol o Oes yr Haearn Gynnar, ac roeddynt yn parhau i gael eu defnyddio hyd at 300–200 cyn Crist.

Mae'r safleoedd cylchfur dwbl yma i'w gweld ym Meillionydd, Conion a Chastell Caeron. Bu gwaith cloddio o 2010 ymlaen ym Meillionydd dan ofal Dr Kate Waddington a'r Athro Raymund Karl o Brifysgol Bangor, a'r amcan oedd ceisio cymharu nodweddion Meillionydd gyda'r hyn a ddarganfu Leslie Alcock yn y 1950au yn ystod gwaith cloddio yng Nghastell Odo, sef safle cylchfur dwbl arall cyfagos ar Fynydd Ystum ger Aberdaron.

Cwt powdwr y gwaith manganîs

Roedd Alcock wedi cloddio Castell Odo yn ystod 1958 a 1959, ac wedi dangos bod hanes hir a chymhleth i'r safle gan fod o leiaf pum cyfnod gwahanol o ddefnydd iddo, yn dyddio o'r Oes Efydd Hwyr hyd at Oes yr Haearn. Yr hyn lwyddodd Alcock i'w wneud, mewn ffordd, oedd gwthio dyddiad y safle yn ôl i'r Oes Efydd Hwyr, dipyn cynharach na'r disgwyl. Dangosodd hefyd fod defodau neu arferion arbennig yn perthyn i Gastell Odo – er enghraifft, darganfu lestri pridd wedi eu claddu yn erbyn y cylchfur gorllewinol ac olion bwyd wedi goroesi arnyn nhw. Yr awgrym felly yw bod y llestri hyn wedi eu claddu mewn 'tomen sbwriel' yn syth ar ôl gwledd – byddaf yn tynnu coes yn aml wrth ddarlithio ym Mhen Llŷn nad oedd pobol yr ardal yn golchi eu llestri hyd yn oed bryd hynny!

I ychwanegu at nodweddion archaeolegol cyfoethog Mynydd Rhiw, gallwn wibio i'r 19eg ganrif a'r cyfnod archaeolegol Diwydiannol. Bu dau fwynglawdd manganîs ar lethrau de-orllewinol Mynydd Rhiw: Gwaith Manganîs y Goron, Rhiw, a Gwaith Benallt. Doedd dyn ddim yn mwyngloddio am fanganîs yma tan gyfnod y Chwyldro Diwydiannol pan ddefnyddiwyd

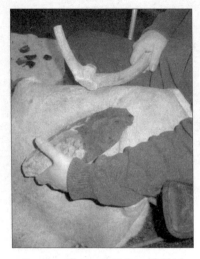

Creu bwyell o garreg Mynydd Rhiw

Bwyell Mynydd Rhiw wedi ei hail-greu

manganîs i gryfhau dur, a daeth y gwaith i ben ddechrau'r 20fed ganrif wrth i'r galw leihau ar ôl y Rhyfeloedd Byd. Mae gwaith ymchwil penigamp wedi ei wneud ar y cyfnod yma gan Williams (1995): *Mwyngloddio ym Mhen Llŷn*.

Yn sicr, mae yma ar Fynydd Rhiw dirwedd archaeolegol gyfoethog, a chyda mwy o ymchwil byddai modd cyflwyno darlun llawn o hanes y mynydd; hanes amlgyfnod, hanes datblygiad a defnydd dyn o'r mynydd dros y canrifoedd – hanes Mynydd Rhiw yn ei gyfanrwydd.

Prosiect Ancient Arts

Bûm yn trafod hanes Mynydd Rhiw gyda'r archeolegydd arbrofol Dave Chapman o gwmni Ancient Arts, sef cwmni preifat wedi ei leoli yn Rowen, Dyffryn Conwy, sy'n arbenigo mewn ail-greu prosesau a chrefftau cynhanesyddol. Yn dilyn ein sgwrs penderfynwyd gofyn caniatâd yr Ymddiriedolaeth Genedlaethol er mwyn i Chapman a minnau gael gwneud gwaith maes ar Fynydd Rhiw yn Chwefror 2011. Ein gobaith oedd y byddem yn dod o hyd i samplau o'r cerrig ar ochr y mynydd heb fod yn agos i'r safleoedd archaeolegol (gan na ddylid 'dwyn' cerrig o'r safleoedd rheini) gyda'r bwriad o ail-greu offer y cyfnod Neolithig. Roeddem am geisio defnyddio'r un technegau â'r dyn Neolithig – a defnyddio'r un garreg. Doedd archaeolegwyr arbrofol erioed wedi gwneud hyn o'r blaen gyda charreg Mynydd Rhiw.

Treuliasom ddiwrnod cyfan yn chwilota ar ochr y mynydd beth pellter i ffwrdd oddi wrth y tyllau Neolithig; bu Chapman a minnau'n chwilio'n ddyfal am ddarnau o garreg y gallem wedyn arbrofi arnynt yn ôl yn stiwdio Ancient Arts yn Nyffryn Conwy. Yn fuan iawn bu i ni sylweddoli bod prinder o gerrig addas yn gorwedd ar y mynydd. Un casgliad y gellir ei gyrraedd yw bod y crefftwyr Neolithig wedi darganfod a defnyddio'r cerrig gorau. Ychydig iawn o'r garreg a welsom ar yr wyneb, ac os oedd darnau amlwg, roedd y rheini mewn cyflwr gwael iawn – byddai'r garreg wedi chwalu'n syth pe byddem yn ei tharo. Yn sicr, roedd y crefftwyr Neolithig yn gallu 'darllen' y garreg, fel y gallai chwarelwyr llechi yn y 19eg ganrif, ac mae'n rhaid mai dim ond yr hyn yr oedden nhw'n ei ystyried yn gerrig diwerth sydd ar ôl ar wyneb y tir erbyn heddiw.

Crafwr Mynydd Rhiw

Dave Chapman gyda bwyell

Wedi rhai oriau o chwilio roeddem wedi casglu digon o gerrig i o leiaf ymgeisio i ail-greu bwyell ac ychydig ddarnau eraill o offer megis crafwyr croen, cyllyll a chrafwyr coed. Y bwriad, wedi ail-greu'r offer gan ddefnyddio'r un garreg, oedd y byddai'r offer yma wedyn ar gael

*Jane Kenney o Ymddiriedolaeth Archaeolegol
Gwynedd yn cloddio ar Fynydd Rhiw*

fel deunydd addysgol, yn benodol er mwyn i blant ysgol a myfyrwyr gael eu gweld, gafael ynddynt a'u trafod.

Canlyniad arall diddorol i'r gwaith maes yn Chwefror 2011 oedd darganfod crafwr ar ochr y mynydd. Crafwr cymharol fawr, un anarferol ac amrwd, ond yn sicr darn o garreg oedd ag ôl gwaith dyn yn glir arno. Yn ystod ein sgwrs am y darganfyddiad (cofnodwyd y garreg cyn ei hail-gladdu ar y safle), dyma drafod sut ymateb fyddai gan yr archaeolegwyr 'traddodiadol', sefydliadol, academaidd, i garreg o'r fath.

Mae Dave Chapman yn rhan o draddodiad archaeolegol mwy diweddar, sy'n fwy agored i syniadau a damcaniaethau newydd ac yn llawer mwy parod i drafod ac i ddefnyddio prosesau arbrofol i awgrymu damcaniaethau newydd. Efallai fod hyn ar adegau yn herio damcaniaethau'r sefydliad archaeolegol academaidd – ac wrth gwrs gall gwaith fel hwn fod yn ddadleuol yn ogystal ag yn hynod gyffrous ac angenrheidiol. A fyddai'r sefydliad archaeolegol yn cydnabod fod carreg o'r fath yn arf neu'n offer a ddefnyddiwyd gan ddyn? Arbenigedd Chapman yw adnabod ôl gweithio ar gerrig. Fy unig arbenigedd i yn y maes yw meddwl agored a brwdfrydedd – fuaswn i ddim yn honni am eiliad fy mod yn arbenigwr.

Yn fuan wedyn, treuliais ddiwrnod yng nghwmni Chapman yn stiwdio Ancient Arts yn dechrau ar y gwaith o ail-greu'r offer gyda'r samplau roeddem wedi llwyddo i'w cael ar Fynydd Rhiw. Yn ystod y dydd, drwy hollti a naddu gyda cherrig glan-y-môr a chyrn ceirw llwyddasom i ail-greu bwyell drom, y math o fwyell y byddai dyn Neolithig wedi ei defnyddio i dorri coed, a chyda'r naddion a dorrwyd ymaith roedd modd creu dwsinau o grafwyr a chyllyll bach.

Dywed Chapman ei fod yn gallu creu cyllell o garreg yn gynt nag y mae'n gallu disgrifio'r broses o wneud un. Gallaf dystio bod hynny'n wir. Crëwyd y fwyell o fewn dwyawr, a'r crafwyr o fewn munudau.

Yn sicr, roedd Mynydd Rhiw yn 'ffatri

Cwt crwn Meillionydd, haf 2012

fwyeill' yn ystod y cyfnod Neolithig – mae tua ugain o fwyeill Mynydd Rhiw wedi eu hadnabod yn ffurfiol, ac mae map ar gael o'u dosbarthiad ledled Cymru (Houlder 1961). Ond y tebygrwydd ar Fynydd Rhiw yw bod y ffermwyr Neolithig hefyd, felly, wedi gallu diwallu'r angen am offer i'w ddefnyddio yn eu gwaith bob dydd, boed yn waith amaethyddol, paratoi bwyd, coginio a thasgau bob dydd. Rhain yw'r cyllyll, y crafwyr croen a'r offer trin coed. Does dim amheuaeth bod yr offer hwn, hyd yn oed os mai sgileffaith y ffatri fwyeill ydoedd, yn ddefnyddiol ac yn bwysig i bobol ardal mynydd Rhiw a Phen Llŷn yn y cyfnod Neolithig. Mae Houlder yn cyfeirio at hyn fel y '*domestic industry*'.

Cwestiwn amlwg sy'n codi yw hwn: beth oedd arwyddocâd y fasnach fwyeill? A oedd cynhyrchu bwyeill i'w masnachu yn cael blaenoriaeth ynteu a oedd yr offer a'r arfau eraill a ddefnyddid yn lleol yr un mor bwysig? Gwyddom fod rhai o'r bwyeill wedi eu cludo o Fynydd Rhiw drwy broses o fasnachu neu o gyfnewid, ac wedi cael eu dosbarthu cyn belled â de Cymru. Efallai na chawn fyth wybod sut, na chan bwy.

O ganlyniad i'r gwaith cloddio diweddar ym Meillionydd mae tystiolaeth fod carreg Mynydd Rhiw wedi cael ei ddefnyddio yn ystod Oes yr Haearn. Darganfuwyd sawl darn o garreg Mynydd Rhiw ym Meillionydd ac mae'n bosib y defnyddiwyd y rhain yn Oes yr Haearn fel cerrig morthwyl. Mae darnau eraill o garreg Mynydd Rhiw wedi cael eu darganfod ym Meillionydd, un ohonynt yn debyg iawn i grafwr neu gyllell, yn ystod haf 2012.

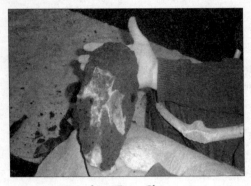

Roughout *Dave Chapman*

Yn amlwg, ni all darganfyddiadau Meillionydd brofi fod dyn yn parhau i gloddio am y garreg ar y mynydd yn y mileniwm cyn Crist, ond does dim rheswm pam na fyddai amaethwyr Oes yr Haearn yn gallu defnyddio offer cerrig fel cyllyll. Mae edrych ar y defnydd, a'r ailddefnydd, o'r garreg dros wahanol gyfnodau yn sialens ynddo'i hun, a byddwn wrth fy modd petai'r cyfle'n codi i ariannu prosiect i gasglu'r holl wybodaeth yma at ei gilydd er mwyn i ni ddechrau gweld y darlun llawn!

Fel rhan o'r un prosiect bu i Dave Chapman a minnau ymweld ag Amgueddfa ac Oriel Gwynedd i gael golwg ar gasgliad Houlder o'r 1950au. Cawsom ddiwrnod cyfan i gael golwg bras iawn ar wrthrychau Houlder. Hyd yn oed o fewn ychydig oriau daethom i sylweddoli fod patrymau amlwg ymhlith y gwrthrychau. Hyd yn oed i fy llygaid i (nad ydynt, fel y dywedais, yn rhai arbenigwr), roedd y patrymau i'w gweld yn glir, gyda hyd at chwe rhasgl (*spokeshave*) ar gyfer trin pren o fewn un bocs, oll yn dangos ôl gwaith dyn arnynt, oll yn offer a fyddai'n ddefnyddiol i'r amaethwyr cynnar.

Y ddadl fwyaf yw bod y pwyslais a roddir ar y 'ffatri fwyeill' yn tynnu ein sylw at ran yn unig o'r darlun llawn, rhan yn unig o'r darlun archaeolegol o Fynydd Rhiw. Heb os, mae'r fasnach fwyeill ac arwyddocâd hynny o ran eu gwerth a'u pwysigrwydd o fewn cymdeithas, yn hollbwysig. Felly hefyd fodolaeth llwybrau masnachu a dulliau masnach; ond rhaid peidio anghofio'r posibilrwydd fod rhan sylweddol o'r offer a grëwyd ar fynydd Rhiw yn y cyfnod Neolithig wedi bod ar gyfer defnydd yr amaethwyr lleol ac nid ar gyfer masnach. Yn sicr mae angen cael y drafodaeth yma: faint o offer carreg Mynydd Rhiw sydd wedi ei ddarganfod yn lleol, faint o fwyeill, er enghraifft, ac ydi'r rhan fwyaf o'r bwyeill y gwyddom amdanynt wedi eu dosbarthu dros ardal ehangach?

Mae gwaith Steve Burrow o'r Amgueddfa Genedlaethol yn 2007-8 yn barod wedi dangos bodolaeth safleoedd eraill ar ochr ddwyreiniol y mynydd lle bu'r dyn Neolithig hefyd yn cloddio am gerrig. Does fawr o olion tyllu i'w gweld yma bellach.

Fel y soniais eisoes, mae angen parhau â'r broses o ailedrych ar hanes Mynydd Rhiw yn ei gyfanrwydd, a chyfuno'r holl ymchwil presennol er mwyn creu darlun cynhwysfawr. Fy ngobaith i yw gallu dychwelyd gyda Dave Chapman i Amgueddfa Gwynedd yn y dyfodol agos i gael golwg fanylach ar gasgliad Houlder. Hoffwn weld a yw dehongliadau Chapman yn cynnig ffordd newydd o werthfawrogi arwyddocâd carreg Mynydd Rhiw, ac egluro'r defnydd ohoni, yn y cyfnod Neolithig.

Mynydd Rhiw

Mynydd Rhiw

Hyd y daith: tua 20-30 munud o gerdded ar lwybr mynydd o'r maes parcio i'r copa. Cylchdaith o'r mynydd yn cymryd awr go dda.

Map yr ardal: OS Landranger 123
Ffatri Fwyeill: Cyfeirnod Map OS: SH 234299
Carnedd gladdu Oes Efydd: Cyfeirnod Map OS: SH 232296

Man Cychwyn: Parciwch ym maes parcio'r Ymddiriedolaeth Genedlaethol ar ochr dde-ddwyreiniol Mynydd Rhiw a dilyn y llwybr am y copa. Mae'r ffatri fwyeill ar y dde ar y ffordd i fyny am y copa.

Neu mae modd cerdded o bentref Rhiw am y copa, wedyn dilyn y llwybr ymlaen i'r gogledd a cherdded i lawr at safle'r ffatri fwyeill.

Graddfa: Dringo cymedrol ar lwybrau glaswellt gweddol hawdd a gwastad.

NI DDYLID CYMRYD UNRHYW GERRIG O'R SAFLE

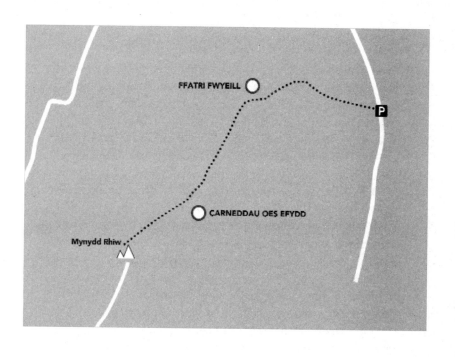

FFATRI FWYEILL

CARNEDDAU OES EFYDD

Mynydd Rhiw

P

2. Bryn Celli Ddu (Beddrod Neolithig)

Cyfnod: 4ydd Mileniwm cyn Crist

Petai rhywun yn gofyn pa henebion cynhanesyddol yw'r enwocaf yng Nghymru, yr ateb, mae'n debyg, fyddai Pentre Ifan yn Sir Benfro a Bryn Celli Ddu ym Môn. Tybiaf, neu yn sicr gobeithiaf, fod y rhan fwyaf o drigolion Gwynedd a Môn o leiaf yn gyfarwydd â'r enw Bryn Celli Ddu, hyd yn oed os nad ydynt erioed wedi ymweld â'r beddrod Neolithig hwn ger pentref Llanddaniel-fab.

Fel Barclodiad y Gawres (Pennod 3) dyma enghraifft o feddrod cyntedd, lle mae cyntedd hir a chul (7.5m o hyd ac 1 medr o led) yn arwain i mewn i'r siambr gladdu. Dyma feddrod amaethwyr cynnar y cyfnod Neolithig: mae dyddiad wedi ei roi ar ei gyfer, sef oddeutu 3000 cyn Crist. Cromlech Dyffryn Ardudwy yw'r gynharaf yng Ngwynedd, yn dyddio i 3500 cyn Crist, ac o ran cymhariaeth mae Barclodiad y Gawres yn ddiweddarach wedyn, yn dyddio oddeutu 2500 cyn Crist.

Mae'r traddodiad o gladdu'r meirw mewn cofadeiliau, felly, yn draddodiad sy'n ymestyn dros fil o flynyddoedd yn ystod y cyfnod Neolithig (4000-2000 cyn Crist). Awgrymir mai cromlech Dyffryn Ardudwy yw un o'r adeiladweithiau carreg cyntaf yng Nghymru. Mae Bryn Celli Ddu, a Barclodiad y Gawres yn fwy felly, yn debyg o ran arddull i feddrodau Newgrange, Knowth a Dowth yn Nyffryn Boyne, fel yr wyf yn egluro ym mhennod 3, sy'n awgrymu bod cysylltiad rhwng pobloedd Iwerddon a Chymru yn y cyfnod yma.

Cawn y cyfeiriad cyntaf at 'Bryn Kelli Ddu' yn y llyfr anhygoel a phwysig hwnnw *Mona Antiqua Restaurata* (1723), sef arolwg Henry Rowlands o henebion Môn, yr arolwg cyntaf o'r fath. Cawn lun o'r gromlech gan Rowlands sy'n awgrymu hyd yn oed bryd hynny fod rhan o'r domen oedd dros y gromlech wedi diflannu neu erydu.

Does dim modd gorbwysleisio pwysigrwydd arolwg

Mynedfa'r gofadail

Rowlands gan fod hwn yn gofnod o henebion Môn ar ddechrau'r 18fed ganrif. Fel mae Neil Baynes (1910) yn awgrymu:

> ... the earliest recorded descriptions are given by the Rev. Henry Rowlands, 1723 ... some of his views and deductions are quite quaint and have received a great deal of adverse criticism, but on the whole he has given us a very fair idea of the monuments that he saw personally, or which he knew to have actually existed, and altogether his work is well ahead of its time.

Rhywbeth arall mae Baynes yn ei gydnabod yw bod cymaint o henebion Môn wedi diflannu ers dyddiau Rowlands, felly mae cofnod Rowlands hefyd yn rhoi syniad faint o henebion sydd wedi ei colli ers 1723.

> Many other monuments doubtless formerly existed in the Island and were destroyed at the time when the roads were first made, the lands enclosed and the building of houses became general. Let us hope that the day is now past when

Criw yn ymweld â Bryn Celli Ddu

the stone mason's materials are to be sought for among the few megalithic remains which are left to us.

Bu'r archaeolegydd W. J. Hemp yn cloddio yma rhwng 1927-31, ac ef sy'n gyfrifol am ailgodi'r domen sydd i'w gweld heddiw. Yn 1900 roedd cerrig y gromlech yn hollol agored i'r gwynt a'r glaw, ac mae llun yn tystio i hyn yn y gyfrol *Portfolio of Photographs of The Cromlechs of Anglesey and Carnarvonshire*. Yr un yw'r stori ym Marclodiad y Gawres – cafodd y domen ei hailgodi yn yr 20fed ganrif – a'r unig safle ar Ynys Môn lle mae rhan helaeth o'r domen wreiddiol oedd yn cuddio'r gromlech yn dal i fodoli yw Bryn yr Hen Bobol ar Stad Plas Newydd.

Er mwyn cadwraeth yr ailgodwyd y tomenni, a'r syndod, mewn ffordd, yw bod y domen wreiddiol ym Mryn Celli Ddu (mae'n weddol debygol) yn llawer mwy sylweddol na'r hyn a welir heddiw. Mae'n rhaid bod hwn yn safle trawiadol iawn yn y cyfnod Neolithig felly.

O ganlyniad i waith cloddio Hemp a gwaith diweddarach gan yr archaeolegydd Frances Lynch, yr ydym yn deall mwy am Fryn Celli Ddu nag am nifer o safleoedd eraill tebyg, ond yr hyn sy'n ddiddorol yw bod y gwaith cloddio hefyd wedi datgelu cymhlethdod y safle. Roedd Hemp o'r farn fod y safle'n deillio o un cyfnod adeiladu, ond dros y blynyddoedd y ddamcaniaeth sydd wedi ei derbyn gan y rhan fwyaf ohonom yw bod y safle o ddau gyfnod penodol, sydd o bosib yn dynodi dwy grefydd neu ddau draddodiad gwahanol.

Claire O'Kelly oedd y cyntaf i awgrymu fod hengor neu meingylch (*henge*) a chylch cerrig ar y safle cyn adeiladu'r gromlech, a hynny ar sail ei damcaniaeth fod haenen o bridd wedi ffurfio'n naturiol yn y cyfnod rhwng yr hengor a chodi'r beddrod. Byddai pridd yn ffurfio'n naturiol a glaswellt yn tyfu arno yn awgrymu cyfnod o amser segur rhwng dau gyfnod o adeiladu. Erbyn heddiw mae cryn ddadlau ac amheuaeth ynglŷn â'r ddamcaniaeth yma. Mae Frances Lynch yn cytuno â Claire O'Kelly yn ei chyfrolau *Prehistoric Anglesey* a *Gwynedd* fod yma hengor a chylch o gerrig yn gyntaf, a bod y beddrod wedi ei osod yng nghanol y cylch hwnnw yn ddiweddarach. Bellach, mae'r ddamcaniaeth yma wedi cael ei herio gan Steve Burrow o'r Amgueddfa Genedlaethol ac o ganlyniad rydym wedi dod yn ôl i ddehongliad gwreiddiol Hemp, sef bod yr holl safle wedi cael ei gynllunio fel cyfanwaith bron o'r dechrau.

Er bod *Prehistoric Anglesey* yn glasur o gyfrol, mynnodd Lynch ei diweddaru pan gafodd ei hail argraffu yn 1991 i adlewyrchu'r farn hon. Yn hyn o beth, mae Lynch yn eithriad fel awdur, ac yn deall fod pethau'n newid o hyd yn y byd archaeolegol. Tydi damcaniaeth ddim o reidrwydd yn para am byth – dim ond nes y bydd rhywun yn cyflwyno tystiolaeth newydd. Mae traethawd Richard Bradley yn *Reflections on the Past* (2102) yn rhoi clod haeddiannol i Lynch am ei pharodrwydd i addasu ac i ddiweddaru damcaniaethau.

Cyn taro golwg fanylach ar ddamcaniaeth ddiweddaraf

Bryn Celli Ddu

Y garreg batrwm

Burrow, mae'n werth amlinellu'r nodweddion sydd i'w gweld ym Mryn Celli Ddu. Wrth gerdded ar hyd y llwybr troed at y safle a chroesi afon Braint rydym yn cyrraedd cefn y gofadail a'r hyn sy'n amlwg ger y domen yw'r garreg batrwm. Cast yw hwn o'r garreg wreiddiol, sydd nawr yn yr Amgueddfa Genedlaethol, ac ar y garreg gellir gweld cerfiadau a phatrymau naddedig.

Roedd y garreg yma wedi ei gosod ar un adeg yng nghanol y cylch, a chafodd ei chladdu ar ôl hynny uwchben pydew (claddwyd hwnnw'n ddiweddarach o dan y domen oedd yn cuddio'r beddrod. Felly yn ôl Burrow (2010) mae modd awgrymu fod arwyddocâd a phwysigrwydd i'r cerfiadau ond nad oedd angen i'r cerfiadau o anghenraid fod yn weledol neu gael eu harddangos. Efallai mai'r garreg yma oedd yn ysbrydoli ac ysgogi adeiladwyr y gofadail, a'i bod wedi cael ei chladdu fel rhan o'r gofadail fel roedd y gwaith yn datblygu.

Awgrym arall gan Burrow yw mai'r garreg hon oedd y man cychwyn o ran gosod trefn i'r cylch cerrig a chyntedd y siambr, sy'n wynebu'r haul fel mae'n codi ar hirddydd haf. Gyda digon o weithwyr byddai'n bosibl cwblhau'r gwaith adeiladu o fewn rhyw ddwy flynedd, gan ganiatáu amser i ddarganfod lle byddai llinell yr haul wrth iddo godi ar y diwrnod arbennig hwnnw.

Nid yw gwaith celf cuddiedig yn beth hollol anghyffredin yn y cyfnod Neolithig. Fe allwn awgrymu'r posibilrwydd, o leiaf, fod y cafn nodau (sef y cylchoedd naddedig, *cup marks*) ar gapfaen cromlech Bachwen, Clynnog (Cyfeirnod Map OS: SH 407495) hefyd wedi eu cuddio o dan domen neu garnedd y gromlech. Ar y llaw arall, fe all fod y capfaen yn y golwg, a dim ond ochrau'r gromlech fyddai wedi eu cuddio. Ceir amrywiaeth barn a damcaniaethau am hyn. Mae lluniau diweddar sy'n ail-greu cromlech Pentre Ifan, Sir Benfro, yn awgrymu fod y capfaen yn y golwg ac yn sicr mae cromlech Bachwen yn debycach i Bentre Ifan o ran arddull, er yn dipyn llai o faint, sef 'cromlech borth' (*portal dolmen*).

Gallwn gasglu o hyn fod arwyddocâd i'r cerfiadau ar y meini, neu neges bwysig – roedd y ffaith eu bod yno yn unig yn ddigon, nid oedd yn rhaid iddynt gael eu harddangos.

Y garreg golofn (pillar stone)

I gymlethu pethau ymhellach, mae craig naturiol rhyw 140 medr i'r gogledd-orllewin o'r siambr gladdu ym Mryn Celli Ddu lle bu i George Nash, yr arbenigwr ar gerfiadau a chelf Neolithig, ddarganfod neu adnabod hyd at 28 o'r cafn nodau yma ar ben y graig. Nid yw'r rhain wedi eu cuddio, felly beth yw eu harwyddocâd – a beth, os unrhyw beth, yw eu cysylltiad â'r siambr gladdu? Yn sicr, pe bai rhywun yn dringo'r graig mae golygfa fendigedig o'i chopa dros safle Bryn Celli Ddu a draw am Eryri.

Tybed a oedd y safle hwn yn rhyw fath o orsedd, fel yr awgrymodd Julian Cope yn *The Modern Antiquarian*? Yn ôl Cope; '*the origins of worship clearly began at the nearby* gorsedd *or throne, a great outcrop of rock,*' a rhaid cyfaddef, boed Cope yn gywir neu beidio, fod hon yn nodwedd amlwg iawn ar y dirwedd. Rhaid cofio hefyd fod y gofadail yn agos at afon Braint – sgwn i pa mor sanctaidd oedd yr afon hon i'r amaethwyr cynnar? Beth bynnag yw arwyddocâd y graig naturiol a'i chafn nodau, byddai'r graig yn amlwg iawn i adeiladwyr Bryn Celli Ddu.

Rhyw ddau gae ymhellach i gyfeiriad Llanddaniel-fab mae maen hir i'w weld, ond y tebygrwydd yw ei fod yn perthyn i'r Oes Efydd, felly mae'n anodd gwybod beth yw'r cysylltiad rhyngddo

Cefn y gofadail

â Bryn Celli Ddu, y tu hwnt i awgrymu bod Dyffryn Braint yn parhau i fod yn dirwedd sanctaidd neu bwysig i'r bobol leol. Heddiw mae tomen o gerrig o amgylch troed y maen hir, wedi eu cludo yno pan oedd ffermwyr yn clirio'r cae o gerrig. Rhywbeth diweddar iawn yw'r pentwr hwn felly.

Rhywbeth arall hollol amlwg o safle'r maen hir yw'r golygfeydd trawiadol dros Eryri i gyfeiriad y de a'r de-ddwyrain. Wedi iddo ymweld â'r maen hir awgrymodd Cope fod yr orsedd a'r beddrod yn gorwedd ar yr un llinell. Oes, mae llinell fras o'r maen hir dros y graig naturiol tuag at y siambr gladdu, ond gan fod y graig naturiol yn un sylweddol, does fawr i awgrymu fod hon yn ddim mwy na llinell 'naturiol' yn hytrach nag un fwriadol. Efallai i adeiladwyr y maen hir ddewis eu safle yn ofalus, ond gan fod y siambr gladdu wedi ei chodi fil neu fwy o flynyddoedd cyn y maen hir mae angen pwyll cyn awgrymu cysylltiadau astronomegol neu ysbrydol rhwng y safleoedd yma. Gyda llaw, canwr gyda The Teardrop Explodes, grwp ôl-Punk o Lerpwl, yw Cope, sydd wedi ymddiddori yn y cofadeiliau yma. Nid yw'n hawdd derbyn ambell un o'i ddamcaniaethau er bod ei gyfrol, heb os, yn gampwaith.

Canfuwyd ychydig o esgyrn dynol gan Hemp o amgylch y safle, nifer wedi eu hamlosgi, a dadansoddiad radiocarbon o'r esgyrn llosgedig hyn o'r pydew o dan y garreg batrwm sy'n rhoi'r dyddiad o oddeutu 3,000 cyn Crist i ni ar gyfer dechrau defnyddio'r safle. Os yw'r dyddiadau radiocarbon yn gywir ar gyfer esgyrn a ddarganfuwyd yn y cyntedd a ger rhai o'r meini o amgylch y beddrod, mae'n bosibl y bu cyfnod o bron i 200 mlynedd o gladdu ar y safle.

Pwy a ŵyr faint o esgyrn na ddarganfuwyd yn ystod gwaith

cloddio Hemp yn y 1920au – fel yr awgrymodd Lynch, mae'n syndod fod cymaint wedi goroesi o ystyried pa mor agored oedd y safle hwn yn y canrifoedd diweddar. Ni allwn ddiystyru ychwaith fod hynafiaethwyr y gorffennol wedi symud

Hen ddarlun o'r safle o 1847

esgyrn o'r safle – mae sôn, er enghraifft, am waith cloddio yma gan hynafiaethwr o'r enw Francois du Bois Lukis o Guernsey yn 1865.

Mae esgyrn dynol wedi eu darganfod mewn beddrodau eraill ar Ynys Môn hefyd. Awgrymir bod hyd at 54–60 oedolyn, o wahanol oedran, wedi eu claddu yng nghromlech Pant y Saer ger Benllech (Cyfeirnod Map OS: SH 509824) ac oddeutu 23 ym Mryn yr Hen Bobol, Plas Newydd. Yn eu plith mae esgyrn babanod, a babanod heb eu geni yn achos Pant y Saer. Oherwydd bod Bryn Celli Ddu wedi bod ar agor (i bobol ac i'r elfennau) dros y canrifoedd rhaid derbyn y gallai rhan helaeth o'r dystiolaeth ynglŷn â phwy a faint gafodd eu claddu yma fod wedi ei golli am byth.

Mae'r ffos oedd yn amgylchu'r safle yn parhau i fod yn weledol heddiw, yn ogystal â rhai o'r meini oedd yn ffurfio cylch o amgylch y safle. Mae'n debygol fod y pridd o'r ffos wedi cael ei ddefnyddio i adeiladu'r domen dros y beddrod, ond dydi'r ffos ei hun ddim yn ddigon mawr i ddarparu'r holl bridd ar gyfer y domen. Un ddamcaniaeth eitha diddorol sydd wedi cael ei chrybwyll yw'r posibilrwydd fod cymunedau cyfagos yn y cyfnod Neolithig wedi cludo pridd yma. Tybed oedd codi'r domen yn weithred gymunedol i'r amaethwyr cynnar yma?

Efallai fod y ffos oedd yn amgylchynu'r beddrod yn ffin i ddynodi'r tir sanctaidd ac i wahaniaethu rhwng tir y marw a thir

45

Llun o'r safle o 1901

y byw. Er na allwn fod yn sicr, mae'n bosib fod y ffos yn amgylchynu'r beddrod yn gyfan gwbl, a byddai hyn wedi gwneud mynediad i'r safle yn anodd ac yn amlygu'r rhaniad rhwng tir y meirw a'r byw yn fwy byth.

Mae'r fynedfa a'r cyntedd i'r beddrod yn wynebu'r dwyrain, a ger y fynedfa, y tu allan i'r ffos, gwelir rhes o gerrig bychain yn gwthio allan o'r glaswellt. Awgrymir bod y rhain yn dyddio o'r cyfnod Mesolithig, rywbryd tua dechrau'r 6ed mileniwm cyn Crist (bron i 3,000 o flynyddoedd cyn adeiladu'r gromlech) ond does neb wedi gallu esbonio'u harwyddocâd yn iawn.

Hemp ddarganfyddodd y tyllau pyst yma, ac mae 5 yma yn sicr, er iddo awgrymu bod hyd at 8 ar un adeg. Yn sicr nid oes enghreifftiau eraill yng Nghymru o olion Mesolithig fel hyn ar yr un safle â beddrod Neolithig –mae hyn yn parhau'n ddirgelwch hyd heddiw, heb esboniad cyflawn. Yma hefyd daethpwyd o hyd i esgyrn ychen – eto mae cwestiwn ynglŷn ag oed yr esgyrn, ac mae arwyddocâd hyn hefyd yn parhau'n ddirgelwch. Byddwn wrth fy modd yn cael gwybod a yw'r esgyrn ychen hyn o'r cyfnod cynhanesyddol neu o gyfnod diweddarach – neu hyd yn oed yn olion cymharol ddiweddar.

Ar 12 Mehefin 2011 am 4.30 y bore euthum i Fryn Celli Ddu yng nghwmni Ken Brassil o'r Amgueddfa Genedlaethol. A hithau dros wythnos cyn hirddydd haf, y bwriad oedd gweld a oedd effaith yr haul yn codi ac yn goleuo'r cyntedd a'r tu mewn i'r siambr yr un fath i bob pwrpas â'r hyn welir ar 21 Mehefin.

Roedd Steve Burrow o'r Amgueddfa eisoes wedi ffilmio'r digwyddiad yn 2005 ac wedi cyhoeddi papur yn awgrymu bod sail i ddamcaniaethau'r astrolegydd Sir Norman Lockyer fod cysylltiadau astronomegol â beddrodau. Dipyn o gymeriad oedd Lockyer (1836–1920) – bu'n ceisio profi ei ddamcaniaeth er 1901, ac yn 1907 bu iddo ymweld â'r Eisteddfod Genedlaethol yn Abertawe er mwyn sefydlu cymdeithas o'r enw The Society for the Astronomical Study of Ancient Stone Monuments in Wales. Ymhlith ei gefnogwyr roedd Neil Baynes, y gŵr a fu'n cloddio yn Din Lligwy tua'r un cyfnod (gweler Pennod 9).

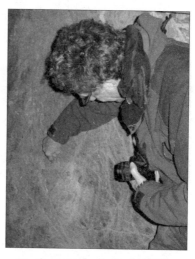

Ken Brassil yn archwilio'r cofadail

Ond ychydig o gefnogaeth gafodd ei ddamcaniaethau gan archaeolegwyr y dydd. Diddorol yw nodi na enwir Lockyer o gwbl yn adroddiad Hemp ar ei waith ym Mryn Celli Ddu, ac un rheswm sy'n cael ei awgrymu gan Burrow am hyn yw diffyg manylder neu amwyster Lockyer wrth iddo drafod beddrodau eraill lle nad oes cyfeiriad astronomegol neu linell amlwg iddynt. Cymaint oedd gwrthwynebiad y sefydliad archaeolegol i Lockyer, fe fynegodd Sir Henry Howarth, is-lywydd y Cambrians, ei amheuon amdano yn 1914. Yn ôl un adroddiad ar y pryd yn trafod sylwadau Howarth dyma sut y mynegwyd ei amheuon: 'he did not know anybody living except one great man who accepted Lockyer's theories and that great man was Sir Norman Lockyer!'

Ar ôl ymweld â'r beddrod ar doriad gwawr gyda Ken, rhaid i minnau hefyd gydnabod fod Lockyer yn llygad ei le. Roedd yn brofiad bythgofiadwy y byddwn yn argymell i bawb ei brofi. Mae fy nyled yn fawr i Ken Brassil am fy llusgo i Fryn Celli Ddu mor blygeiniol. Wrth i'r haul godi yn y dwyrain mae'r pelydrau'n ymestyn ar hyd y cyntedd ac yn taro un o'r meini sy'n ffurfio cefn y siambr gladdu. Does dim nodwedd amlwg i'r maen yma er bod Burrow yn cydnabod bod rhyw gymaint o garreg cwarts wen ynddo.

Y wawr ar hirddydd haf yng nghyntedd Bryn Celli Ddu

Ar y garreg gyntaf ar ochr chwith y siambr mae cerfiad troellog amrwd iawn, a does fawr neb yn credu fod hwn yn perthyn i'r cyfnod Neolithig. Er bod tebygrwydd rhyngddo a'r math o siâp troellog a geir ar gerfiadau ym Marclodiad y Gawres, credaf fod y rhan fwyaf o archaeolegwyr yn amau mai cerfiad llawer mwy modern ydyw, ac felly yn ei ddiystyru fel enghraifft o gelf cynhanesyddol.

Does dim esboniad llawn chwaith ynglŷn â'r maen hir sy'n sefyll oddi fewn i'r siambr ar yr ochr dde (y *pillar stone*) – carreg, yn ôl Lynch, '*whose purpose is very problematical*'. Un ddamcaniaeth bosib, yn ôl Aubery Burl, yw bod y garreg yma, a elwir gan Burl yn '*protectress*', yn garreg oedd yn cadw cwmni i'r meirw. Does dim cymhariaeth amlwg â beddrod arall yng Nghymru nac ar Ynysoedd Prydain hyd y gwn i. Yn sicr, wrth gamu i mewn i'r siambr gladdu, mae'r garreg yma'n teimlo fel 'presenoldeb arall'.

Y ddamcaniaeth yw bod y cyntedd wedi ei gau'n fwriadol yn ystod y cyfnod Neolithig gan rwystro mynediad i'r siambr, ond bod gofod o dan y nenfwd wedi ei adael yn glir er mwyn galluogi pelydrau'r haul i dywynnu i mewn i'r siambr ar hirddydd haf.

Mae Lynch yn cefnogi'r ddamcaniaeth fod y rhan allanol o'r cyntedd wedi ei gau yn fwriadol – byddai hyn wedyn yn 'cau' y beddrod yn symbolaidd neu'n ddefodol, ac yn rhwystro mwy o gladdedigaethau oni bai fod rhywun yn stwffio esgyrn i mewn. Byddai'r gofod o dan y nenfwd yn caniatáu iddynt edrych i mewn i'r siambr dywyll pan fyddai'n gwawrio o gwmpas cyfnod hirddydd haf yn unig.

Beth oedd y traddodiad neu'r weledigaeth yma felly? Gorwedd Barclodiad y Gawres, er enghraifft, ar linell yn wynebu'r gogledd, felly yn hyn o beth does dim tebygrwydd rhyngddi a Bryn Celli Ddu. Mae mwy o gerfiadau ar y meini ym

Marclodiad y Gawres, ac fel yn achos y garreg batrwm ym Mryn Celli Ddu mae cymhariaeth amlwg gyda safleoedd tebyg yn Iwerddon. Mae hyd yn oed awgrym fod tebygrwydd rhwng Bryn Celli Ddu a beddrod Gavrinis yn Llydaw – felly, yn sicr, mae'r beddrodau cyntedd ym Mryn Celli Ddu a Barclodiad y Gawres yn perthyn i draddodiad ehangach na gogledd Cymru yn unig.

Ai mewnfudwyr gododd y cofadeiliau yma, ynteu oedd y trigolion lleol yn gyfarwydd â thraddodiadau ehangach? Awgrymir bod beddrod Bryn yr Hen Bobol wedi ei greu ychydig ynghynt na Bryn Celli Ddu ond bod tebygrwydd o ran arddull ac o safbwynt y domen – er nad oes cyntedd fel y cyfryw ym Mryn yr Hen Bobl. Eto fyth, allwn ni wneud dim ond damcaniaethu.

Mae'n ddiddorol iawn fod cyrff fel Cadw ac Ymddiriedolaeth Archaeolegol Gwynedd erbyn heddiw yn dathlu hirddydd haf ym Mryn Celli Ddu. Efallai fod hyn yn ymdrech i wneud y safleoedd yn fwy perthnasol i'r boblogaeth ehangach a hyrwyddo'r safle – dwi'n siŵr fod yr hen Lockyer yn gwenu o'i fedd! Braf yw gweld cannoedd o bobl, rhan helaeth ohonynt yn lleol, yn ymweld â'r safle ar 21 Mehefin bob blwyddyn bellach.

Bryn Celli Ddu

Hyd y daith: tua 10-15 munud o gerdded ar lwybr troed da o'r maes parcio i'r safle. Mae'r llwybr yn dilyn afon Braint ac wedyn yn croesi'r afon dros y bont droed am y safle.

Map yr ardal: OS Landranger 114
Cyfeirnod Map OS: SH 507702

Man Cychwyn: Maes parcio Bryn Celli Ddu ar ochr y ffordd am Landdaniel-fab.
Graddfa: Llwybr troed graean, gwastad a hawdd.

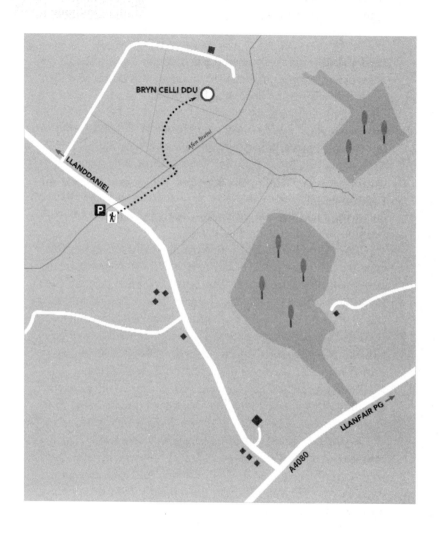

BRYN CELLI DDU

LLANDDANIEL

Afon Braint

LLANFAIR PG →

A4080

3. Barclodiad y Gawres (Beddrod Neolithig)

Cyfnod: 3ydd Mileniwm cyn Crist

Mae'r beddrod Neolithig hynod hwn i'w weld ger yr arfordir rhyw filltir a hanner i'r gogledd-orllewin o Aberffraw ar hyd yr A4080, neu os ydych yn teithio o gyfeiriad Llanfaelog mae'r safle i'w weld rhyw hanner milltir i'r de-orllewin o'r pentref. Mae digonedd o le parcio swyddogol ger Porth Trecastell. Yr enw diddorol iawn ar y penrhyn yma yw Mynydd Cnwc, sy'n golygu bryncyn neu bonc, ond wyddon ni ddim a yw'r enw hwn yn cyfeirio at olion y beddrod ynteu at y dirwedd naturiol.

Daw'r enw Barclodiad y Gawres o'r ddelwedd mewn llên gwerin o hen wreigan yn cario llwyth o gerrig yn ei ffedog, ac yn eu gollwng yn y fan hon. Ceir enw tebyg ar garnedd gladdu Oes Efydd ger Bwlch y Ddeufaen yn Nyffryn Conwy (Cyfeirnod Map OS: SH 716716) ac er bod y ddau safle o gyfnodau gwahanol mae rhywun yn deall pam fod pobol yn y gorffennol wedi defnyddio'r fath enw neu ddisgrifiad mewn ymdrech i geisio esbonio hanes y pentwr o gerrig cyn i archaeolegwyr gynnig gwell esboniad.

Yn ei gyfrol *Welsh Folklore and Folk-Customs* (1930) mae T. Gwynn Jones yn sôn fod cewri yn aml yn cael eu cysylltu â chofadeiliau neu bentyrrau o gerrig yn llên gwerin Cymru, ac yn yr adroddiad ar gloddio Barclodiad gan Powell a Daniel (1956) cawn enghreifftiau di-rif o enwau tebyg ar safleoedd hynafol. Ond yn ddiddorol iawn, mae Powell a Daniel, fu'n cloddio yma yn 1952-53, yn awgrymu mai prin iawn oedd y defnydd o'r enw 'Barclodiad' yn lleol erbyn y 1950au. Tybiwn fod cloddio'r gofadail ar ddechrau'r 50au wedi dod â'r safle a'r enw'n ôl i sylw pobol felly.

Enw arall ar Borth Trecastell yw'r un cymharol ddiweddar Cable Bay, sy'n cyfeirio at y wifren delegraff a osodwyd o dan y môr yn 1902 i gysylltu Cymru â Howth yn yr Iwerddon. Mae Cable Bay arall ar ynys Môn sef Porth Crugmor yng ngogledd yr Ynys.

Y fynedfa

Gwelir y cyfeiriad cyntaf at Farclodiad y Gawres yn 1799 yn y *Cambrian Register* lle rhestrir 36 o gromlechau Môn. Cyfeirir at y Farclodiad fel '*one partly demolished on Mynydd Cnwc*'. Yn 1802 ysgrifennodd y Parch. John Skinner fel hyn:

> ... at Mynydd Cnwc we found the vestiges of a large carnedd, many of the flat stones of the cistfaen or chamber are still remaining, but the small ones have almost all been removed to build a wall close at hand.

Disgrifir Barclodiad y Gawres fel 'beddrod cyntedd'. Yr hyn sy'n bwysig iawn am y beddrod yw bod yr adeiladwaith a'r cynllun yn debyg iawn i feddrodau Newgrange, Knowth a Dowth yn Nyffryn Boyne yn yr Iwerddon. Yn wir, mae meini o fewn beddrod Barclodiad y Gawres sydd wedi eu haddurno â cherfiadau neu naddiadau Neolithig, eto yn debyg iawn i'r hyn a geir yn Newgrange a'r beddrodau Gwyddelig eraill. Ar un adeg roedd pum maen o'r fath wedi eu hadnabod ond credir bellach fod cerfiadau hefyd i'w gweld ar chweched maen o fewn y beddrod.

Y gwaith cloddio gan Powell a Daniel sy'n bennaf gyfrifol am gadarnhau'r ffaith fod cyntedd yma, er bod awgrym i'w weld uwchben y pridd cyn hynny, a nhw hefyd oedd yn gyfrifol am ddarganfod y cerfiadau ar y cerrig – gan y byddai'r rhan helaeth o'r cerfiadau wedi eu cuddio o dan y pridd cyn y gwaith cloddio.

Yn dilyn gwaith cloddio Powell a Daniel yn 1952-53, mae pob carreg neu faen wedi cael rhif fel bod modd cyfeirio at feini penodol wrth astudio'r beddrod. Does neb wedi sôn am y cerfiadau cyn 1952 – ac eto, o astudio hen luniau cyn y cyfnod cloddio, mae pen Carreg 22, er enghraifft, yn sicr yn y golwg uwch lefel y tir. Mae cerfiadau yn uchel ar y garreg yma – mae'n od felly na fu i neb sylwi arnynt ynghynt.

Ar Garreg 6 mae graffiti yn dyddio o 1905 gan rywun oedd yn arwyddo'i enw â'r llythrennau 'P. J.', ond byddai'r rhan yma o'r garreg wedi bod uwchben y pridd. Mae'r cerfiadau yn is ar Garreg 6, sy'n esbonio sut na fu i neb eu gweld cyn y gwaith cloddio. Gallwn awgrymu hefyd, er bod pen Carreg 5 yn weladwy, fod y cerfluniau ar y garreg yma hyd yn oed heddiw yn dipyn anoddach i'w gweld. Byddai Carreg 7, 8 ac 19 o dan y pridd cyn gwaith Powell a Daniel. Mae llun gan M. J. O'Kelly (Powell a Daniel 1956, tud 10) o Garreg 8, er enghraifft, yn dangos yn weddol glir yn fy marn i fod y cylchoedd troellog o dan wyneb y ddaear cyn y cloddio.

Mae dwsinau lawer o enwau a graffiti i'w gweld ar ben y capfaen, ac yn amlwg byddai hwn yn weladwy uwch y pridd cyn y cloddio. Dyma dystiolaeth o boblogrwydd y gofadail fel man ymgynnull hyd yn oed cyn i bobol ddeall arwyddocâd y safle yn iawn.

Mae'r tebygrwydd i feddrodau a cherfiadau Dyffryn Boyne yn awgrymu'n gryf fod cysylltiadau diwylliannol neu grefyddol yn bodoli rhwng Cymru ac Iwerddon yn ystod y 3ydd mileniwm cyn Crist. Hynny yw, roedd pobol y cyfnod yn croesi Môr Iwerddon, ac mae'n bosib iawn hefyd fod pobol yn mudo drosodd o Iwerddon i chwilio am rywle newydd i fyw. Yn ôl Cunliffe (2012) mae awgrym fod yr amaethwyr cyntaf wedi croesi o dir mawr cyfandir Ewrop oddeutu 4000 cyn Crist, a gallasai rhai fod wedi gwneud eu ffordd i'r gorllewin gan ddilyn y môr i gyfeiriad

Edrych allan o'r beddrod

Iwerddon. Felly mae'n bosib fod rhai o'r anturiaethwyr amaethyddol cynnar iawn wedi cyrraedd Cymru o Iwerddon yn hytrach nag yn syth o'r cyfandir.

Ar ddiwrnod clir mae mynyddoedd Wicklow i'w gweld o ben Mynydd Cnwc, gwta 70 milltir i'r gorllewin, felly tydi hi ddim yn amhosib dychmygu pobol yn croesi Môr Iwerddon. Cofiwch hefyd – wrth groesi o Iwerddon mae Mynydd Caergybi a mynyddoedd Eryri yn weladwy ac yn cyfeirio'r morwyr tuag at y rhan yma o'r byd.

Dyma'r unig feddrod sy'n agos iawn i'r arfordir ym Môn, a gall hyn awgrymu pwysigrwydd bod yn agos at Borth Trecastell, fel man i lanio cychod. Gorwedd y beddrodau eraill ychydig pellach o'r arfordir – ond wedi dweud hyn, tydi Bryn yr Hen Bobol, Bryn Celli Ddu, Trefignath na Phant y Saer ddim mor bell â hynny o'r arfordir chwaith. Efallai fod beddrodau fel Bodowyr, Presaddfed a Din Dryfol, sydd ymhellach o'r môr, yn dangos fod dyn hefyd yn berchen ar y tir amaethyddol da yng nghanol yr ynys, ac yn barod i deithio ymhellach o'r arfordir.

Mae Barclodiad y Gawres yn dyddio o oddeutu 2500 cyn

Barclodiad y Gawres

Crist, felly nid perthyn i'r amaethwyr cyntaf mae'r beddrod hwn. Mae beddrodau cynnar fel yr un yn nyffryn Ardudwy (Cyfeirnod Map OS: SH 588228) yn dyddio o 3500 cyn Crist, ond yr hyn sy'n amlwg yw fod dyn wedi hen arfer symud o gwmpas a chroesi'r môr, a bod safle fel Barclodiad yn perthyn i draddodiad hir ac ehangach o gofadeiliau i'r meirw.

Yr hyn a olygir gan feddrod cyntedd yw bod cyntedd hir a chul yn arwain i mewn at y siambr gladdu. Yn achos Barclodiad y Gawres mae'r cyntedd yn wynebu'r gogledd, felly yn wahanol iawn i Fryn Celli Ddu (Pennod 2), sydd â chyntedd yn wynebu'r dwyrain a chodiad yr haul ar hirddydd haf, does dim arwyddocâd pendant neu amlwg i linell cyntedd Barclodiad. Ond wrth sefyll yn y fynedfa mae Mynydd y Garn i'w weld mewn llinell o'r cyntedd. Pwy a ŵyr a oes arwyddocâd i hyn.

O ran ffurf, mae Barclodiad y Gawres ar siâp croes, sef y cyntedd yn ffurfio'r goes a thair siambr amlwg y tu mewn, un i'r dwyrain, un i'r gorllewin a'r un fwyaf i'r de gyda man canolog rhwng y siambrau ochr. Y siambr ddeheuol yw'r un gyda'r capfaen (sef to'r siambr) yn weddill, er mai yn y 50au y cafodd hwn ei ailosod. Mae'n debyg fod capfeini'r gweddill wedi hen fynd dros y canrifoedd ac wedi cael eu defnyddio ar gyfer adeiladau amaethyddol neu fel pyst giatiau. Tybir bod ffermwyr wedi dechrau 'ailgylchu' cerrig o'r fath o ddiwedd y 18fed ganrif ymlaen (gweler dyfyniad Skinner). Yn ôl adroddiad Powell a Daniel roedd nifer o ddarnau o'r capfeini eraill yn gorwedd o amgylch y safle ar wyneb y ddaear yn y 50au, sydd yn gwneud i ni amau eu bod yn pwyso gormod i'w cludo ymaith.

Ar yr ochr orllewinol mae estyniad bach, neu ail siambr, tu cefn i'r siambr orllewinol – ac yma, yn ystod gwaith cloddio Powell a Daniel, cafwyd hyd i weddillion dau gorff wedi eu hamlosgi. Ar ôl astudio darnau o'r penglog a'r dannedd awgrymwyd mai gweddillion dau ŵr gweddol ifanc oeddynt. Mae meini cefn yr is-siambr orllewinol yma bellach yn gorwedd ar osgo.

Canfuwyd mwy o olion dynol yn y siambr ddwyreiniol a'r un ddeheuol, ond doedd dim modd cadarnhau rhyw nac oedran yr esgyrn hynny. Erbyn heddiw, efallai y byddai modd dadansoddi'r esgyrn yn well, gan fod prosesau gwyddonol a chloddio archaeolegol wedi datblygu llawer iawn dros yr hanner canrif ddiwethaf.

Amlosgi, mae'n ymddangos felly, oedd y dull o ddelio â'r meirw ym Marclodiad y Gawres. Fel arfer, mae esgyrn sydd wedi eu llosgi yn goroesi'n well – mae esgyrn naturiol yn pydru mewn tir asidig fel rheol – ac mae lle i ddiolch yn yr achos yma fod unrhyw esgyrn wedi goroesi o gwbl o ystyried bod y safle mewn cyflwr digon digalon cyn y cloddio yn y 50au. Dim ond ar ôl gwaith cloddio Powell a Daniel y codwyd y domen bresennol dros y beddrod am resymau cadwriaethol.

Mae'n amlwg fod Barclodiad y Gawres wedi ei adeiladu i fod yn feddrod cymunedol, ond oherwydd bod y safle wedi bod yn agored dros y canrifoedd mae'n

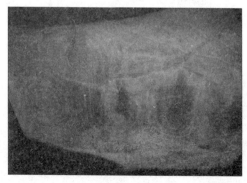

Carreg 8

Carreg 22

debyg fod y rhan helaeth o'r gweddillion dynol wedi eu colli. Yn anffodus, o ganlyniad i hyn mae'n amhosibl amcangyfrif faint o bobol fyddai wedi eu claddu yma'n wreiddiol.

Wrth edrych ar gynllun y siambr orllewinol mae'n debyg fod pedwar maen isel yn cau'r siambr yma, yn ddefodol efallai, oddi wrth weddill y beddrod a'r llecyn canolog. Mae hyn i'w weld mewn beddrodau eraill hefyd – efallai fod cyfnod y siambr arbennig yma'n dod i ben a bod y meini'n cloi'r siambr yn barhaol, neu efallai fod teulu arbennig yn cael eu claddu yma, ac yn dymuno rhyw fath o arwahanrwydd.

Yr unig wrthrychau y cafwyd hyd iddynt yn ystod cloddio Barclodiad y Gawres oedd darnau o binnau wedi eu gwneud o asgwrn neu gorn, ac a oedd yn gysylltiedig â'r amlosgiad yn y siambr orllewinol. Cafwyd ychydig ddarnau o lestri pridd hefyd yn y ddaear o dan y capfaen, ond doedd dim sicrwydd fod y rhain yn gysylltiedig â'r beddrod gwreiddiol – fe all y rhain fod yn perthyn i gyfnod diweddarach ac yn cynrychioli defnydd hwyrach o'r domen fel safle claddu.

Yn RCAHM Môn (1937) mae disgrifiad o'r meini oedd i'w gweld yn yr awyr agored bryd hynny. O edrych ar lun yn y llyfr (Plât 3, RCAHM 1937) mae'n edrych yn debyg fod rhan helaeth o'r siambr a'r meini wedi eu claddu, a bod rhan o'r domen wreiddiol i'w gweld yr adeg honno, sy'n cryfhau'r ddadl fod y cromlechi yma'n cael eu gorchuddio gan domen o bridd neu gerrig o'r cyfnod adeiladu ymlaen (er bod dadl mewn rhai achosion a oedd y domen wreiddiol yn cuddio'r capfaen ai peidio).

Mae Powell a Daniel yn 1952 hefyd yn cadarnhau fod rhan

o'r domen wedi goroesi, felly'r tebygrwydd yw y byddai tomen o bridd a cherrig wedi gorchuddio'r beddrod yn wreiddiol – gallwn felly gymharu'r safle hwn â Bryn yr Hen Bobol ar stad Plas Newydd lle mae'r domen wreiddiol wedi goroesi (yr unig enghraifft ym Môn). Yn ôl pob sôn, goroesodd tomen Bryn yr Hen Bobol oherwydd i Foneddiges Môn rwystro gweithwyr y stad rhag ei chwalu!

Pobol yn cael picnic yn Marclodiad y Gawres yn 1921 (Llun trwy garedigrwydd Stephen Roddick)

Heddiw, mae'r domen sy'n gorchuddio'r gromlech ym Marclodiad y Gawres yn ganlyniad i'r gwaith cloddio yn y 50au a'r angen i gadw'r meini a'r cerfluniau'n saff rhag y tywydd. Tomen wedi ei chodi yn yr 20fed ganrif yw un Bryn Celli Ddu hefyd. Wrth edrych ar y to mewnol o'r 1950au yma ym Marclodiad y Gawres (y tu mewn i'r domen) rydym yn gweld mai concrit ydi o. Mae rhai yn dadlau fod hwn yn hollol anaddas ac yn amharu ar awyrgylch y gromlech – nid yn unig gan fod tipyn mwy o le yma o amgylch y siambr wedi codi'r to yn uwch na'r capfaen gwreiddiol, ond hefyd gan fod concrit yn gyfrwng mor amlwg ddiweddar. (Cofiwch mai'r Rhufeiniad oedd yn gyfrifol am goncrit yn wreiddiol, ond y ddadl, mae'n debyg, yw bod hyn yn anaddas ar gyfer beddrod Neolithig.)

Ar y llaw arall, o leiaf mae'r meini a'u cerfiadau bellach yn cael eu gwarchod, a chan fod tuedd wedi bod dros y blynyddoedd gan ymwelwyr i ysgythru eu henwau i'r cerrig (graffiti) mae'r heneb bellach dan glo a does dim modd cael mynediad heb dywysydd. Byddaf yn tywys yn aml ym Marclodiad y Gawres, ac er fy mod yn cydnabod y dadleuon ynglŷn â'r domen goncrit, rwyf hefyd yn ddiolchgar ar adegau am y cysgod, gan fod y penrhyn yma'n gallu bod yn oer, gwyntog a gwlyb os yw'r tywydd yn troi. Rydw i a chriwiau o ymwelwyr wedi gwerthfawrogi'r lloches glyd oddi fewn i'r beddrod sawl gwaith!

Er bod rhywun yn teimlo trueni bod angen cloi'r giatiau ac nad oes modd cael mynediad heb dywysydd yma bellach, yn anffodus dyma'r unig ffordd o sicrhau na fydd mwy o niwed yn cael ei wneud i'r meini a'r cerfiadau Neolithig. Mor hawdd fyddai dinistrio neu chwalu rhai o'r cerfiadau bregus a byddai hynny'n drosedd anfaddeuol o safbwynt hanes a threftadaeth Cymru.

Wrth gyrraedd y siambr fewnol, mae Carreg 5 a 6 ar ein chwith. Carreg 5 yw'r un â chen gwyrdd yn tyfu arni, yr un agosaf at yr ail giât haearn, ac ar hon mae modd gweld llinellau *zig-zag* a siapiau diemwnt. Hon yw'r garreg lle mae'r cerfiadau yn y cyflwr gwaethaf, ac anodd iawn yw eu gweld yn glir.

Carreg 6 sydd yn gorwedd drws nesaf, felly hon yw'r ail garreg ar y chwith wrth i ni fynd i mewn i'r siambr. Hon ydi'r garreg gyda holltau naturiol arni, ac ar hon mae cerfluniau cylchog a diemwnt yn ogystal â siapiau troellog anodd iawn i'w dehongli ar y gornel dde isaf.

Wrth droi i'r chwith (i'r dwyrain) rydym yn wynebu'r siambr ochr, ac yn syth o'n blaenau mae Carreg 8. Hon yw'r garreg ag arni bedwar cylch troellog sy'n cysylltu â'i gilydd – y patrwm yma sy'n debyg i un o'r meini yn Newgrange. Mae'r tebygrwydd mor amlwg fel na all rywun wadu fod yr un diwylliant, arferion neu gred yn gyffredin i'r siambrau yma ar y ddwy ynys.

Y garreg ochr i'r siambr yma yw Carreg 7, ac mae sôn fod George Nash wedi dod o hyd i naddiadau eraill ar hon yn gymharol ddiweddar. Er yn anodd eu gweld, mae'n ymddangos fod Nash yn gywir, a bod mwy o gerfiadau ar y garreg hon. Yn sicr mae olion naddu i'w gweld ar Garreg 7 ond mae'n anodd iawn eu dehongli nag adnabod unrhyw siapiau penodol. Gyferbyn â cherrig 5 a 6 mae Carreg 22 – hon sydd ar y dde wrth ddod i mewn i'r siambr, ac efallai mai hon yw'r garreg fwyaf amlwg gan fod diemwntau i'w gweld yn glir yn ei chanol a llinellau troellog a *zig-zags* wedyn bob ochr ac uwchben y diemwntau.

Mae'r garreg arall, Carreg 19, yn ffurfio cefn y siambr orllewinol ac mae un cylch naddedig i'w weld tua dau draean o'r ffordd i fyny'r maen ar yr ochr dde. Rhaid wrth olau go dda i gael golwg manylach ar y cerfiadau yma. Mae defnyddio golau *halogen* yn ei gwneud hi'n haws gweld y cerfiadau, ond hyd yn oed wedyn mae gofyn dal y golau yn y lle iawn!

Techneg o naddu (*pecking* yn Saesneg) oedd yn cael ei ddefnyddio gan y dyn Neolithig, sef cnocio tyllau bach neu rychau bach yn y garreg drwy ddefnyddio cerrig caletach – cerrig glan môr, mae'n debyg, yn yr achos yma gan fod traeth gerllaw. Gwyliais Dave Chapman (Ancient Arts) yn ail-greu'r broses hon yn ddiweddar yn ystod diwrnod agored wedi ei drefnu gan Cadw ym Mryn Celli Ddu. Canlyniad yr arbrawf oedd profi ei bod yn bosibl creu cylchoedd o fewn ychydig oriau drwy ddefnyddio'r dechneg yma. Felly gwaith diwrnod neu ddau, mae'n debyg, i'r crefftwyr Neolithig profiadol yma oedd cwblhau cerfiadau o'r fath ar y meini ym Marclodiad y Gawres.

Byddaf yn sôn yn aml ei bod yn fraint cael tywys pobol o amgylch Barclodiad y Gawres, ac un o'r pleserau mwyaf yw arwain pobol tuag at y cerfiadau, wedyn eu goleuo a chlywed ymateb yr ymwelwyr. Mae gweld y cerfiadau yma am y tro cyntaf yn brofiad gwefreiddiol. Rwyf wedi astudio'r cerfiadau ers blynyddoedd bellach ond does dim pall ar y wefr o'u goleuo a'u hamlygu.

Cwestiwn amlwg sy'n codi ynghylch y cerfiadau yma yw beth oedd eu hystyr a'u pwrpas. Heddiw mae pob math o awgrymiadau: un ohonynt yw bod y *zig-zags* yn cynrychioli tonnau'r môr neu fynyddoedd Eryri. Peth arall i'w ystyried yw hyn: rhowch bapur a chreon i blentyn ac mi gewch gylchoedd troellog, fel y gŵyr pob athro a rhiant. Yr ateb, mae'n debyg, yw y byddai'n anodd iawn

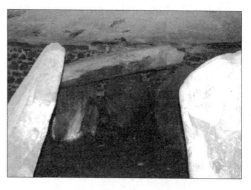

Y tu mewn i'r siambr. Gallwch weld y to concrit sy'n dyddio o'r 1950au

bod yn sicr beth oedd yn mynd drwy feddyliau pobol bedair mil a hanner o flynyddoedd yn ôl.

Awgrym arall yw bod y cerfiadau yma'n cael eu harddangos yng ngolau tân yn ystod defodau yn y siambr gladdu, a bod modd dod â'r cerfiadau i mewn ac allan o olwg pobol drwy symud golau'r fflamau – gan greu effaith drawiadol iawn. Mae tystiolaeth bellach o ddefnydd defodol i'r man canolog yn y siambr – canfyddodd Powell a Daniel olion tân a oedd wedi ei ddiffodd gan ryw fath o gawl (meddyliwch am lobsgows neu gawl gwrach) oedd yn cynnwys esgyrn bob math o anifeiliaid bychain, ymlusgiaid a physgod.

Heblaw'r garreg batrwm ym Mryn Celli Ddu, yr unig gerrig addurnedig eraill o'r un cyfnod ar dir mawr Prydain yw cerrig y Calderstones, Lerpwl, sydd i'w gweld heddiw yn Amgueddfa Lerpwl. Mae lleoliad y Calderstones, mor agos i'r afon Merswy, yn esbonio'r cysylltiad â Dyffryn Boyne, fel yn achos Barclodiad y Gawres ar ochr orllewinol Môn.

Ôl Nodyn:

Ychydig bach i'r gogledd o safle Barclodiad y Gawres ar y codiad nesa o dir, sef Mynydd Bach, mae olion *tumulus* neu garnedd gladdu, sydd dipyn yn llai na Barclodiad y Gawres ac yn debyg o fod yn garnedd gladdu Oes Efydd. Does fawr i'w weld yno, er bod modd adnabod ffurf gron y garnedd yn y glaswellt, ac mae ambell garreg all fod yn rhan o'r gist ganolog i'w gweld. Bu i Powell a Daniel gloddio yma hefyd yn ystod 1952-53.

Barclodiad y Gawres

Hyd y daith: tua 5 munud o gerdded ar hyd Llwybr Afordir Cymru o'r maes parcio i'r safle.

Map yr ardal: OS Landranger 114
Cyfeirnod Map OS: SH 329707

Man Cychwyn: Maes parcio Porth Trecastell
Graddfa: Llwybr troed cul a thywodlyd – argymhellir esgidiau addas.

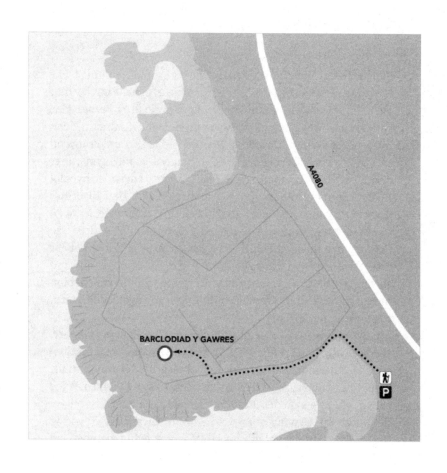

4. Carneddau Hengwm

Cyfnod: Neolithig, 3ydd mileniwm cyn Crist

Saif y ddwy gromlech hyn, sy'n dyddio o'r cyfnod Neolithig (sef y trydydd mileniwm cyn Crist) ar lethrau tua 270 medr uwch y môr ym mhlwyf Llanaber, Ardudwy, ychydig i'r gogledd o'r Bermo. Mae rhyw 50 medr rhyngddynt, y ddwy wedi eu claddu o dan garneddau hir o gerrig sychion trawiadol. Mae eu lleoliad yn un o'r mwyaf trawiadol o'r holl safleoedd rwyf yn eu cynnwys yn y llyfr yma, ac er mwyn teithio iddynt mae'n rhaid dringo i fyny o adeiladau hynafol Abaty Egryn (sydd dan ofal yr Ymddiriedolaeth Genedlaethol) drwy'r hyn y buaswn yn ei ddisgrifio fel tirwedd archaeolegol.

Mae yma olygfeydd bendigedig dros y môr – dros fae Ceredigion a thuag at Ben Llŷn i'r gorllewin, ac ar ddiwrnod clir mae Ynys Enlli yn ein cyfarch ar y gorwel. Nid gor-ddweud chwaith yw datgan fod Carneddau Hengwm ymhlith yr henebion mwyaf trawiadol o'r cyfnod Neolithig yma yng ngogledd Cymru, gan eu bod mor gyflawn.

Cyn mentro at y carneddau, hoffwn sôn am Eglwys Llanaber, sydd ychydig i'r de o Abaty Egryn ar hyd yr A496, sef y ffordd o Harlech i Bermo; eglwys sydd wedi ei disgrifio fel yr enghraifft orau, o ran olion sydd wedi goroesi, o eglwys sy'n dyddio o'r 13eg ganrif yng Ngwynedd. Cafodd ei hadeiladu gan Hywel ap Gruffudd ap Cynan, gor-ŵyr i Owain Gwynedd, Tywysog Gwynedd, a'r tu mewn iddi mae dwy garreg fedd Gristnogol yn dyddio o'r 5ed neu'r 6ed ganrif, un yn cofnodi marwolaeth gŵr o'r enw Caelestis Monedorix.

Yn y cyfnod yma, yn dilyn ymadawiad y Rhufeiniaid o Gymru ar ddiwedd y 4edd ganrif, mae'n amlwg fod y boblogaeth yn ceisio cadw cysylltiad â'r hen drefn Rufeinig Gristnogol drwy arfer enwau Lladin ar eu cerrig beddi. Chawn ni byth wybod, mae'n debyg, pwy oedd Caelestis Monedorix – ond gall carreg fedd o'r fath awgrymu ei fod yn ddyn o statws uwch na'r cyffredin o fewn y gymdeithas.

Cromlech Borth Carneddau Hengwm

Yn ôl y gred yn lleol mae Abaty Egryn yn dyddio'n ôl i'r un cyfnod ag Abaty Cymer ger Dolgellau, ac mae'n bosib felly y bu Sistersiaid Abaty Cymer yn berchen ar y tir yma. Mae sôn fod trwydded wedi ei rhoi gan y Pab yn 1391 oedd yn caniatáu i Gruffydd ap Llywelyn ap Cynwrig gynnal gwasanaethau crefyddol yma (RCAHM Meirionydd 1921). Ond, o safbwynt yr hyn sydd i'w weld heddiw yn yr hen neuadd, mae'n debyg fod yr adeiladwaith cynharaf yn dyddio o ddechrau'r 16eg ganrif, neu efallai yn hwyr yn y 15fed ganrif.

Does dim tystiolaeth bendant felly, yn sicr o safbwynt olion archaeolegol, o unrhyw adeiladwaith mynachaidd yma. Erbyn heddiw mae'r Ymddiriedolaeth Genedlaethol, sy'n gyfrifol am y safle, wedi penderfynu osgoi defnyddio'r disgrifiad 'abaty' mewn cysylltiad â'r safle. Yn hytrach defnyddir y gair 'neuadd', sydd o bosib yn fwy addas i ddisgrifio'r adeilad hynafol. Heddiw mae modd llogi Egryn fel cartref gwyliau.

Nodwedd amlycaf Carneddau Hengwm yw bod yma ddwy gromlech a charnedd yn eu cuddio, yn gorwedd ochr yn ochr. Yr un ddeheuol yw'r fwyaf, ac mae'r un ogleddol mewn cyflwr llai cyflawn. Yr ail nodwedd, ac un bwysig iawn, yw bod y ddwy

Y garnedd ddeheuol

gromlech yn rhai amlgyfnod – hynny yw, yn arddangos tystiolaeth o sawl cyfnod o adeiladu ac o ddefnydd yn ystod y cyfnod Neolithig (yn amlwg felly yn achos y gromlech ddeheuol).

Mae enghreifftiau o gromlechi cyfagos, megis cromlech Dyffryn Ardudwy (Cyfeirnod Map OS: SH 588228), lle mae dwy gromlech o wahanol gyfnodau wedi eu cynnwys o fewn un safle, ond anodd iawn yw dweud faint o amser fu rhwng codi'r ddwy gromlech. Yn achos Dyffryn Ardudwy mae rhywun yn gallu gweld yn glir sut y bu i adeiladwyr diweddarach gynnwys y gromlech a'r garnedd wreiddiol o fewn carnedd mwy o faint. Bron na ellir cymharu'r datblygiad ag Eglwys Gadeiriol yn cael ei hymestyn dros gyfnod o flynyddoedd. Yn ôl yr archaeolegydd Frances Lynch, yn dilyn gwaith cloddio yn 1960, Dyffryn Ardudwy yw un o'r safleoedd cyntaf lle bu i archaeolegwyr gofnodi iddynt sylwi ar wahanol gyfnodau o adeiladu o fewn un safle.

Mae enghreifftiau eraill o safleoedd, megis Trefignath (Cyfeirnod Map OS: SH 259805) ar Ynys Cybi, Môn, lle gellir gweld bod tair cromlech wedi eu gosod ar yr un safle gydag un yn cau mynedfa'r llall. Felly gallwn ddod i'r casgliad fod patrwm yn bodoli yn y cyfnod Neolithig o ddefnyddio llefydd 'sanctaidd' dros gyfnod sylweddol o amser, a allai fod yn ganrifoedd hyd yn oed.

Y ddamcaniaeth, felly, yw bod y safle ei hun yn un o bwys i'r bobol Neolithig – ei fod yn ganolfan ac yn ganolbwynt ar gyfer dathlu a pharchu'r meirw o fewn y gymuned amaethyddol gynnar. Dychmygwch gymunedau yn ffermio'r ardal, yn byw yma, yn

Mynedfa'r siambr gladdu Hafren Cotswold

perthyn i'r lle ac yn codi cofadeiliau yma i gofio am eu cyndeidiau. Mae'n hollol resymol cymharu hyn ag eglwys o'r cyfnod ôl-Rufeinig: canolbwynt i bentref neu gymuned a phobl yn dewis byw o amgylch, neu yn agos i, safle sanctaidd.

Yn aml iawn heddiw, mae unrhyw garnedd a oedd o amgylch cromlech wedi hen ddiflannu drwy'r broses amaethyddol, a'r cerrig wedi eu clirio neu eu hailddefnyddio er budd anghenion y boblogaeth leol drwy'r canrifoedd. Wedi dweud hyn, mae mwy o drafodaeth y dyddiau yma nag erioed o'r blaen ynglŷn â faint o garnedd oedd o amgylch rhai cromlechi a faint o'r beddrod oedd yn cael ei guddio; ond tydi hyn ddim yn berthnasol yn achos Carneddau Hengwm oherwydd mae olion y ddwy garnedd yn amlwg yma o hyd. A dweud y gwir, mae'n dipyn o wyrth fod y carneddau hir o gerrig sychion wedi goroesi mor dda dros y ddwy gromlech! Yn fy marn i, mae hyn yn bennaf oherwydd safle cymharol anghysbell ac uchel y cromlechi – er hyn, rydw i'n synnu nad oes mwy o'r cerrig wedi cael eu dwyn a'u defnyddio i adeiladu waliau dros y canrifoedd.

Efallai mai'r eironi a'r rhyfeddod mwyaf yn y cyd-destun yma yw bod wal cae wedi cael ei hadeiladu drwy ganol y gromlech ddeheuol gan rannu'r safle'n ddau, ac eto mae'r garnedd wreiddiol wedi goroesi (er ei bod yn amlwg yn dipyn llai nag yr oedd hi yn y 3ydd mileniwm cyn Crist).

Er mor anghysbell yr ymddengys y safle yma heddiw, mae tystiolaeth fod llwybrau hanesyddol wedi croesi'r ardal yma.

Y garnedd ogleddol

Roedd rhai yn sicr yn croesi Bwlch y Rhiwgyr, ac yn arwain i lawr i gyfeiriad Bermo i'r de o Garneddau Hengwm. Efallai fod rhai o'r llwybrau'n dyddio'n ôl i gyfnodau cynhanesyddol, ac eraill yn rhai diweddarach o gyfnod y porthmyn, ond mae eu bodolaeth yn sicr yn awgrymu nad oedd Carneddau Hengwm mor anghysbell â hynny i'r amaethwyr cyntaf a thrigolion yr ardal yn ystod y 3ydd mileniwm cyn Crist.

Wrth gyrraedd y safle, y gromlech ddeheuol, sydd â charnedd oddeutu 46m o hyd, fydd y gyntaf i ni ei chyrraedd a bydd olion y gromlech borth yn ein hwynebu.

Yn y cyfnod Neolithig ceid carneddau hir, yr hyn a elwir yn Saesneg yn *long cairns*. Mae Tan y Muriau (Cyfeirnod Map OS: SH 238288) ar ochr Mynydd Rhiw ger Aberdaron yn enghraifft dda o'r garnedd hir, ond roedd carneddau crwn hefyd yn cuddio cromlechi, fel yn achos Barclodiad y Gawres, Bryn Celli Ddu, a charnedd siâp aren dros Fryn yr Hen Bobol ar Ynys Môn.

Mae'n arferiad ym maes archaeoleg i ddiffinio cromlechi drwy edrych ar eu prif nodweddion neu bensaernïaeth er mwyn hwyluso'r broses ddehongli, a thrwy hynny yr ydym yn gallu adnabod neu awgrymu cyfnodau neu ffasiwn o adeiladu arbennig. Felly cawn gromlechi porth, cromlechi cyntedd a chromlechi Hafren Cotswold – oll yn enghreifftiau o adeiladwaith neu ddiwylliant / traddodiad amlwg.

Cromlechi porth (fel cromlech ddeheuol Carneddau Hengwm) yw'r rhai mwyaf cyffredin yn y rhan yma o'r wlad a'u nodwedd amlycaf yw dau faen mawr fel mynedfa gyda chapfaen mawr ar osgo ar eu pen, a charreg arall, sef y garreg gloi, yn cau'r fynedfa. O edrych i lawr, mae cynllun y porth a'r garreg gloi yn ffurfio siap H.

Mae'r gromlech ddeheuol yma yn sicr yn un amlgyfnod gan fod tystiolaeth o wahanol gyfnodau o ddefnydd ac adeiladu i'r gofadail. Hon yw'r gromlech a gafodd ei rhannu gan wal y cae yn fwy diweddar. Ar yr ochr ddwyreiniol, sef yr ochr uchaf i'r wal, gwelir

Siambr Hafren Cotswold

gweddillion y porth uchel, sef y fynedfa i'r gromlech. Mae un ochr yn dal i sefyll a'r ochr arall wedi disgyn, a gellir gweld dwy o'r cerrig yn gorwedd o dan gapfaen y gromlech. Mae carreg arall gerllaw a allai fod yn do neu gapfaen i'r porth gwreiddiol. Yn ei lyfr *Tours in Wales* (1783) mae Thomas Pennant yn sôn fod dau gapfaen i'w gweld bryd hynny, yn gorwedd ar ben ei gilydd.

Ar yr ochr arall i'r wal, sef yr ochr orllewinol, ceir math arall o feddrod, sef siambr yn arddull Hafren Cotswold. Gosodwyd hwn yn ddiweddarach yn ochr ogleddol y garnedd ddeheuol. Yn ne Cymru a de-orllewin Lloegr mae'r traddodiad beddrodau Hafren Cotswold yn fwyaf cyffredin, a diffinnir y rhain fel cromlechi a charnedd siap trapesoid, gyda mynedfa o'r ochr i'r siambr gladdu. Er hynny, mae enghraifft arall o gromlech Hafren Cotswold yma yng ngogledd Cymru, yng Nghapel Garmon (Cyfeirnod Map OS: SH 818543), sy'n ein harwain at y syniad bod dyn yn symud o gwmpas y wlad ac yn rhannu traddodiadau a dulliau adeiladu. Yma ar lethrau Ardudwy, hawdd yw dychmygu dyn yn teithio'r arfordir gorllewinol mewn cwch bychan, ar daith o Wlad yr Haf i ogledd Cymru efallai.

Yn ôl Frances Lynch (*Gwynedd*, 1995), y tebygrwydd yw bod y rhan o'r garnedd sy'n ymestyn i'r gorllewin yn estyniad o'r gromlech borth wreiddiol (sy'n mesur tua 20m). Mae olion o waith carreg neu wal sych i'w gweld ar hyd y garnedd sy'n dynodi gwahanol gyfnodau o adeiladu.

Mae'r siambr Hafren Cotswold yn un fach daclus, bron fel

bocs sgwâr o dan y garnedd, ac yn ôl Thomas Pennant yn *Tours in Wales* fe addaswyd y siambr gladdu i fod yn lloches i fugail yn ystod y 18fed ganrif:

It is now converted into a retreat for a shepherd, who has placed stone seats within, and formed a chimney through the lose stones above.

Mae'n hawdd dychmygu y byddai'r siambr yn noddfa hwylus, oherwydd mae'r lleoliad yma yn agored, yn anghysbell ac yn gallu bod yn arw, a byddai beddrod o'r fath wedi rhoi lloches addas i fugail unig ar y mynydd – ac yn sicr, o safbwynt y bugail, haws oedd addasu hen siambr gladdu na gorfod adeiladu cwt o'r newydd. Wrth gamu i mewn i'r siambr heddiw mae stepen fach yn ein harwain i mewn, sy'n dyddio o gyfnod y bugail yn y 18fed ganrif yn hytrach na chyfnod y ffermwyr Neolithig. Braf yw eistedd yn nhywyllwch y siambr, yn dychmygu hanes cymhleth y safle hynod hwn.

Perthyn i'r traddodiad Hafren Cotswold mae'r gromlech ogleddol, gyda dwy siambr sgwâr, un bob ochr i'r 'fynedfa ffug' ddwyreiniol.

Y gromlech arall sydd ar y garnedd ogleddol. Mae hon yn dipyn o ddirgelwch.

Gan fod y beddrodau Hafren Cotswold yn debygol o fod yn ddiweddarach na'r gromlech borth gellir awgrymu bod arferion newydd yn cael eu cyflwyno i'r rhan yma o'r byd wrth i'r beddrodau Hafren Cotswold gael eu hadeiladu – er bod parhad o'r hen draddodiad, neu barch tuag at yr hynafiaid, yn cael ei ddangos drwy ddefnyddio'r un safle. Gellir holi'r cwestiwn canlynol felly: a oedd dechrau adeiladu'r cromlechi Hafren Cotswold yn cymryd lle'r hen draddodiad o adeiladu cromlechi porth? Ai dyma'r ffasiwn newydd? Oedd gwahaniaeth felly o ran crefydd y boblogaeth, neu o safbwynt y dull o addoli, rhywbeth yn debyg i'r enwadau gwahanol a geir o fewn Anghydffurfiaeth capeli Cymreig hyd heddiw?

Dirgelwch ar hyn o bryd yw natur y siambr a'r capfaen ar ochr orllewinol y garnedd ogleddol. Perthyn i ba gyfnod? Dyna i chi gwestiwn – byddai angen gwaith cloddio archaeolegol i ddod o hyd i berthynas y siambr yma â'r siambrau ochr Hafren Cotswold. Yn yr hinsawdd economaidd sydd ohoni does dim digon o arian na nawdd ar gael i gloddio pob safle o ddiddordeb – a hyd yn oed gyda digon o gyllid fyddai dim amser i wneud yr holl waith cloddio. Felly, am y tro yn sicr, mae'n rhaid bodloni ar ddarlun anghyflawn, a stori anorffenedig.

Un o'r cwestiynau difyrraf yw sut y cyflwynwyd y traddodiad Hafren Cotswold i ogledd Cymru yn y lle cyntaf, a chan bwy? Ai pysgotwr o'r de gyrhaeddodd ogledd Cymru a chyflwyno'r ffasiwn newydd, ynteu oedd adeiladwyr gogledd Cymru wedi mabwysiadu'r arferiad newydd ar ôl bod ar ymweliad â'r de-orllewin? Gall hyn awgrymu mewnfudiad o bobol a syniadau newydd i ardal, neu fod syniadau neu draddodiad, crefydd neu ffasiwn newydd yn cael eu mabwysiadu gan bobol mewn gwahanol

Y Gromlech Borth

Tirwedd Carneddau Hengwm

ardaloedd o ganlyniad i deithio eang. Fe all un person gyflwyno syniad newydd i ardal newydd – gall yr ateb fod mor syml â hynny.

Yn fy marn i, mae angen gofyn un cwestiwn arall. Oedd y fath beth â seiri maen neu adeiladwyr cromlechi arbenigol o fewn y gymdeithas oedd yn teithio'r wlad, yn debyg i grefftwyr, masnachwyr, gweithwyr metal neu ofaint yn ddiweddarach mewn hanes – pobol gydag arbenigedd penodol? Byddai'n dipyn o gamp i gymunedau lleol ddysgu'r grefft o adeiladu cromlechi heb unrhyw gymorth na gwybodaeth adeiladu.

Mae awgrymiadau bod adeiladu cromlechi yn ymdrech ac yn weithred gymunedol fyddai'n dod â'r gymuned at ei gilydd yn y broses, a gallwn fod bron yn sicr fod yna ddimensiwn ysbrydol neu grefyddol i weithred o'r fath hefyd. Cefais sgwrs â Frances Lynch, oedd yn crybwyll yr un posibilrwydd. Efallai fod gwahanol gymunedau yn cyfrannu pridd neu gerrig tuag at godi'r gofadail – yn sicr byddai hyn yn fodd o uno'r gymuned, o ddod â phobol at ei gilydd, ac yn sicr fe allai arwain at ddathliadau cymunedol, o wleddesta ac yfed. Byddai'n rhaid wrth drefn a disgyblaeth a digonedd o ddynion hefyd os am godi'r fath gofadeiliau.

Cwestiwn amlwg arall, wrth gwrs, yw pwy oedd yn cael eu claddu yn y beddrodau. Oedd yn rhaid cael rhyw statws o fewn y gymdeithas, neu fod yn perthyn i deulu arbennig cyn cael mynediad? Yn sicr, dydi'r beddrodau yma ddim yn cyfateb i fynwent, a doedd pawb yn y gymdeithas yn bendant ddim yn cael mynediad. Pa mor aml oedd y cromlechi yn cael eu defnyddio, ac a oedden nhw'n cael eu cau a'u hailagor yn achlysurol? Mae cymaint nad ydym yn ei ddeall.

Rhywbeth arall sydd yn ddiddorol iawn yw'r ffaith nad yw cromlechi Carneddau Hengwm i'w gweld o'r tir isel o edrych i

Y fynedfa

fyny o gyfeiriad arfordir Dyffryn Ardudwy. Er bod y ddwy yn gorwedd ar linell o'r dwyrain i'r gorllewin ac yn wynebu'r môr i'r gorllewin, doedd dim bwriad iddynt fod yn weledol o'r tir isel – sydd yn ein harwain at gwestiwn arall. A oedd machlud yr haul yn bwysig i'r rhai a'u hadeiladodd, gan fod cymaint o gromlechi yn gorwedd ar hyd y llethrau gorllewinol yma yn Ardudwy? Ar hyd yr arfordir, yn edrych tua'r gorllewin, mae cromlechi Bron y Foel, Cors y Gedol, Gwern Einion a Dyffryn Ardudwy. Oes posibilrwydd fod y meirw'n cael eu claddu i edrych dros y môr? Does dim tystiolaeth fod adeiladwaith y cromlechi yn seiliedig ar batrwm y wawr neu fachlud yr haul, dim ond eu bod wedi eu lleoli ar y llethrau gorllewinol.

Yn sicr, does dim olion cromlechi ar ochr arall y Rhinogau, ar ochr Trawsfynydd a Bronaber. Efallai mai agosrwydd at y môr, a hwylustod hwylio a theithio dros y môr yn hytrach na cheisio teithio drwy'r coedwigoedd, sy'n esbonio'r clwstwr yma o gromlechi ger yr afordir. Mae haneswyr yn sôn weithiau am y môr fel y 'draffordd gynhanesyddol' ac yn sicr yn achos cromlech Barclodiad y Gawres ger Aberffraw mae tystiolaeth bendant fod y cerfluniau ar y meini yn cyfateb i gerfluniau ar feddrodau Dyffryn Boyne yn Iwerddon, felly roedd cysylltiad yn sicr dros

75

Fôr Iwerddon yn ystod y cyfnod Neolithig. Mae'n biti mawr nad ydi cychod yn tueddu i oroesi yn archaeolegol – does neb wedi dod o hyd i olion o'r fath yng ngogledd Cymru hyd yma – efallai y byddai hynny wedi ateb rhai o'n cwestiynau niferus.

Aelodau o Gymdeithas Edward Llwyd yn mwynhau'r olygfa o ynys Enlli o Garneddau Hengwm

Ôl Nodyn:

- Mae carnedd gron debyg iawn i Fryn Cader Faner o ran arddull, er yn llawer llai a dipyn llai trawiadol, i'w gweld ychydig i'r de-ddwyrain o Garneddau Hengwm. Cyfeirnod map y garnedd yw SH 617203.
- Mae carreg arall yn Eglwys Llanbedr hefo cerflun cylchoedd tebyg iawn i'r hyn a welir ym Marclodiad y Gawres, ond yn anffodus does neb yn siŵr iawn o ble daeth y garreg. Sgwn i felly a oedd cromlech arall â chysylltiad â Dyffryn Boyne, un sydd wedi ei cholli dros y blynyddoedd?

Carneddau Hengwm

Hyd y daith: tua 1 awr o gerdded bob ffordd

Map yr ardal: OS Landranger 124
Cyfeirnod Map OS: Carneddau Hengwm SH 613205

Man Cychwyn: Abaty Egryn (Ymddiriedolaeth Genedlaethol)
Cyfeirnod Map OS: SH 595203

Parcio: ger yr A496 rhyw ¼ milltir i'r gogledd o Abaty Egryn ger yr hen adeilad ysgol Sul ('Ysgol Sabbothawl 1836') rhwng pentref Tal-y-Bont, yn Ardudwy, a Bermo.

Graddfa: Dringo serth am ¾ awr a thir gwlyb wedyn tuag at Garneddau Hengwm. Llwybrau wedi eu marcio.

Rydw i wedi sôn fod y daith gerdded yn mynd â ni drwy dirwedd archaeolegol. Un o'r pethau pwysig am daith o'r fath yw cadw golwg ar yr hyn sydd o dan ein traed. Rhy hawdd mewn ardal mor hyfryd ag Ardudwy yw mwynhau'r golygfeydd gan anwybyddu'r tirwedd.

Ar ddechrau'r daith, sylwch ar yr hen gwt tatws (*potato clamp*) sydd ar ochr chwith y llwybr wrth fynd heibio Egryn am y mynydd. Mae rhan o'r cwt wedi ei adeiladu'n danddaearol er mwyn sicrhau tymheredd isel i gadw tatws. Adferwyd y cwt yn 2007 gan yr Ymddiriedolaeth Genedlaethol ac mae modd mynd i mewn drwy'r drws pren newydd. Yr enw lleol ar y math yma o gwt tatws yw 'cladd'.

Wrth adael Egryn a dechrau dringo'r llethrau mae'n werth edrych ar yr hen gaeau a'r dirwedd amaethyddol ganoloesol sydd wedi goroesi ar ochr y bryn. Mae hyn tua hanner ffordd i fyny'r ochr (rhwng 100m –150m uwch lefel y môr), ond a dweud y gwir, nid hawdd yw dehongli'r safle ac efallai byddai golwg o'r awyr yn gwneud pethau dipyn yn haws. Serch hyn, mae hen waliau ac ambell loc i'w gweld yn ddigon clir wrth gamu i fyny'r bryn. Gellir disgrifio'r math yma o dirwedd fel 'tirwedd amaethyddol ganoloesol wedi ei ffosileiddio'.

Wrth i ni gyrraedd y tir gwastad mae angen anelu am yr hen bolyn (*ariel ropeway*) sy'n dyddio o'r cyfnod pan oedd cloddio am fanganîs ar ochr y mynydd, ac fe welwch Garneddau Hengwm wedyn draw i'r chwith (gogledd) ger y wal gerrig sy'n amgylchynu'r tir. Mae ambell gwt crwn (cytiau'r Gwyddelod) i'w gweld wrth ochr y llwybr. Mae'n debygol fod y cytiau hyn yn ddyddio o Oes yr Haearn neu gyfnod y Rhufeiniaid.

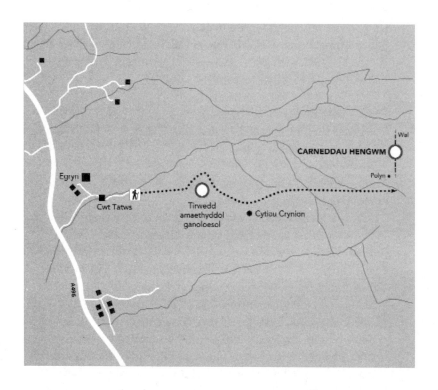

5. Bryn Cader Faner a Thirwedd Archaeolegol Y Gyrn, Llandecwyn

Cyfnod : Bryn Cader Faner: Oes Efydd, 2il Fileniwm cyn Crist
Tirwedd Archaeolegol Y Gyrn: amlgyfnod

Rwyf am ymdrin â'r dirwedd archaeolegol ehangach yn ogystal â safle amlwg Bryn Cader Faner yn y bennod hon, oherwydd mae yma un o'r enghreifftiau gorau o dirwedd archaeolegol amlgyfnod i oroesi yng ngogledd Cymru. Mae nifer o olion i'w gweld yn agos iawn at ei gilydd – a'r ffaith fod y safleoedd ar dir uchel yn egluro pam y bu i'r dirwedd archaeolegol yma oroesi. Ni chafodd ei droi a'i drin gan beiriannau amaethyddol megis yr aradr ar unrhyw adeg. Y ffordd orau o werthfawrogi'r dirwedd yma yw drwy ei cherdded – neu, wrth gwrs, drwy eistedd ger y tân a darllen am y daith drwy gyfrwng llyfr fel hwn!

Un o'r pethau gorau, awgrymaf, am y daith i fyny o fferm Caerwych tuag at garnedd Bryn Cader Faner yw'r holl olion archaeolegol sydd i'w gweld ar y ffordd. Ac wrth gyrraedd y garnedd gladdu hon, yn uchel yn y mynyddoedd, daw geiriau Frances Lynch, '*It is arguably the most beautiful Bronze Age monument in Britain*' i fy meddwl.

Dros y blynyddoedd rwyf wedi arwain teithiau cerdded at Fryn Cader Faner ac wedi dod ag unigolion yma i gael y wefr a'r profiad anhygoel o weld y garnedd gron gyda'r slabiau carreg yn codi o'i hochr 'tuag at y nefoedd' fel rhyw goron gynhanesyddol. Ydi wir, mae Lynch yn gywir – does yr un gofadail i'w churo o gyfnod yr Oes Efydd yn unrhyw le!

Ar hyd y daith, gellir gweld dwy domen losg, o leiaf pump o gytiau crynion, dwy garnedd gron ac un garnedd â chist, yn ogystal â hafoty canoloesol ac olion llwybrau o'r hen weithfeydd manganîs – hyn oll o fewn taith gerdded awr a hanner! Dyma'r enghraifft orau yn y llyfr yma, dybiwn i, o dirwedd archaeolegol

Bryn Cader Faner

(mae enghraifft arall ym mhennod 4, Carneddau Hengwm) a'r gamp yw magu'r hyder a datblygu'r sgiliau i allu dehongli a darllen y dirwedd.

Yr hyn yr hoffwn ei bwysleisio yw bod angen i ni edrych ar yr hyn sydd o dan ein traed wrth i ni gerdded i fyny am Fryn Cader Faner. Rwyf yn cyfeirio'n aml at waith O. G. S. Crawford, awdur y llyfr *Bloody Old Britain*, a'i arferiad o gofnodi'r nodweddion llai amlwg o fewn y dirwedd â'i gamera, a dyma'r wers yma – er cystal y golygfeydd bendigedig dros Draeth Bach, afon Dwyryd, Portmeirion a Harlech mae'n rhaid canolbwyntio ac edrych ar y tir neu mae perygl brasgamu heibio'r domen losg neu droedio dros un o gytiau'r Gwyddelod heb sylwi.

O ddechrau'r daith ger fferm Caerwych, sydd bellach yn stablau a chanolfan farchogaeth, y peth cyntaf sydd angen ei drafod yw enw'r fferm. Wrth reswm, mae'r gair 'caer' o fewn yr enw yn awgrym efallai o fryngaer Oes yr Haearn, ond does dim cofnod nac awgrym fod 'caer wych' erioed wedi bodoli yma. Ystyr 'gwych' wrth gwrs yw cain, hardd neu ragorol. Hyd yma rwyf wedi methu â chael esboniad pellach am enw'r fferm, ond yn yr achos yma, y tebygrwydd yw nad oes cysylltiad â bryngaer o Oes yr Haearn.

Bryn Cader Faner

Er hyn, mae enwau ffermydd, ac yn enwedig enwau caeau, yn hollbwysig ac yn aml yn cynnig awgrym o ddefnydd safle yn y gorffennol, felly mae astudiaeth ac ymwybyddiaeth o enwau yn elfen hanfodol yn y gwaith o ddehongli unrhyw dirwedd. Wrth sgwrsio â chyfaill o Ben Llŷn sydd wedi astudio enwau caeau yn y rhan honno o'r byd, yr awgrym oedd bod enwau caeau yn fwy tebygol o gael eu defnyddio a'u cadw os yw'r ffermydd yn parhau o fewn yr un teulu ac yn cael eu hetifeddu gan un genhedlaeth ar ôl y llall.

O fewn dau gae i'r beudy olaf ar ochr y ffordd yng Nghaerwych (ger y troad am y mynydd) mae modd gweld y nodwedd archaeolegol gyntaf. Ar y chwith ger ffrwd fechan mae'r hyn a elwir yn domen losg, sef tomen o gerrig ar ffurf pedol sy'n dyddio'n ôl, gan amlaf, i'r Oes Efydd. Heddiw y cyfan sydd i'w weld yw lwmpyn o dan y glaswellt, ond gyda llygaid profiadol gellir gweld y siâp pedol, a sylwi ei bod yn domen annaturiol.

Yr arfer oedd llosgi neu boethi cerrig mewn tanllwyth cyn trosglwyddo'r cerrig crasboeth i gafn o ddŵr er mwyn ei ferwi. Er mwyn coginio y gwneid hyn fel arfer – er bod modd puro dŵr, wrth gwrs, drwy ei ferwi. Wrth drosglwyddo'r cerrig poeth i'r dŵr byddai'r dŵr o ganlyniad yn berwi – yn sicr roedd hyn yn fodd o goginio bwydydd megis cig. Byddai'r cerrig wedyn yn cael eu taflu i'r domen o amgylch y cafn, a dyma i raddau sydd yn rhoi'r siâp pedol i ni heddiw.

Cafnau pren wedi eu hamgylchynu â chlai gwlyb, fel eu bod yn dal dŵr, oedd y cafnau a ddefnyddid ochr yn ochr â'r tomenni llosg. Pur anaml mae cafnau pren fel hyn yn goroesi yn archaeolegol, er bod enghraifft wedi ei darganfod yn ddiweddar ger Fferm Nant, Porth Neigwl, lle mae'r pren wedi goroesi gan fod y tir mor wlyb – ond rhaid pwysleisio fod hyn yn rhywbeth eithriadol o brin.   Mae darganfyddiadau Porth Neigwl wedi bod o gymorth mawr i ddeall mwy am y broses o ferwi dŵr (gweler adroddiad Ymddiriedolaeth Archaeolegol Gwynedd, Smith 2009).

Cyrraedd y safle

Yn aml, byddai'r cerrig poeth yn chwalu wrth iddyn nhw ddod i gysylltiad â'r dŵr oer, ac yn archaeolegol mae modd gweld ôl tân neu grasu ar rai o'r cerrig – rhai yn lliw coch neu ddu – ac arwyddion ar eraill eu bod yn amlwg wedi chwalu yn ystod y broses o gyffwrdd y dŵr oer.

Mae damcaniaeth arall fod rhai o'r tomenni llosg yma yn gysylltiedig â *saunas* cynhanesyddol, ond ar y cyfan mae archaeolegwyr yn ddrwgdybus o'r syniad yma gan nad oes angen y fath bentwr o gerrig i greu effaith *sauna*. Mae modd creu *sauna* mewn pabell hefo ychydig iawn o gerrig, fel y gwelir yn achos brodorion yr Unol Daleithiau – nid dyma rydym yn ei weld yn achos y tomenni llosg yng ngogledd Cymru.

Heddiw, dim ond tomen fach o dan y glaswellt sydd i'w weld – mae'r cerrig wedi eu claddu dan y pridd. Mor hawdd fyddai methu â sylwi ar y domen, ond mae'r awgrym o siâp pedol yno, a'r cliw arall, o safbwynt dehongli'r nodwedd, yw ei hagosrwydd at y ffrwd neu'r afon. Unwaith mae rhywun wedi gweld tomen fel hyn am y tro cyntaf, mater bach yw dod i arfer eu hadnabod. Ar fapiau O.S. mae tomenni llosg yn cael eu nodi fel *burnt mound*, ac os gwnewch chi astudio un neu ddau o'r mapiau fe welwch eu bod yn nodweddion digon cyffredin.

Rhaid bod yn barod i ystyried fod rhai o'r safleoedd yma yn rhai amlddefnydd, a bod pwrpas gwahanol i ambell domen losg. Mae'n bosib fod y domen wedi ei defnyddio'n achlysurol dros gyfnod o amser, hyd yn oed cyfnod hir o amser, ond y gwir amdani yw bod nifer o gwestiynau yn parhau heb eu hateb. Mae angen mwy o waith cloddio archaeolegol ar fwy o domenni llosg i gael gwell dealltwriaeth ohonynt. Cyfeiriaf yn fy llyfryddiaeth at adroddiad defnyddiol a gwerthfawr Jane Kenney (2014, Ymddiriedolaeth Archaeolegol Gwynedd) sydd wedi gwneud llawer o waith yn astudio tomenni llosg. Mae'r adroddiad hwn yn cyfeirio at sawl tomen yn ardal Pentrefelin, Eifionydd.

Wrth gerdded i fyny'r mynydd mae'r nodwedd archaeolegol nesaf, sef y cwt crwn cyntaf, ar boncen fach tu cefn i wal yn fuan ar ôl pasio'r domen losg ar yr ochr chwith i ni. Rhaid dringo'r boncen er mwyn ei weld. Cwt crwn unigol sydd yma ond o wybod beth i chwilio amdano mae modd gweld gweddillion y cwt, sef cerrig mewn cylch. Yn wreiddiol, byddai ffrâm fewnol o bren yma i ddal y to, ond erbyn heddiw dim ond seiliau'r cwt sydd ar ôl, fel petai'n gysgod o adeilad, a'r hyn sy'n wefreiddiol yw sylweddoli fod teulu bach wedi byw yma oddeutu dwy fil o flynyddoedd yn ôl. Gweler Pennod 8 am fwy o wybodaeth am y cytiau hyn.

Cist garreg

Dydi'r defnydd o'r tir ddim wedi newid rhyw lawer dros yr holl ganrifoedd. Tirwedd amaethyddol ar yr ucheldir yw hon, a'r tebygrwydd yw bod defaid a gwartheg yn bwysig i'r trigolion bryd hynny, fel y maent heddiw, a bod cnydau grawn megis gwenith

Y gist garreg

neu farlys wedi cael eu tyfu'n gyfagos, efallai ar y llethrau is.

Ychydig ymhellach ar hyd y llwybr mae olion o leiaf dau gwt crwn arall, un bob ochr i'r llwybr troed, a'r hyn sy'n ddiddorol iawn yma yw bod y llwybr troed yn dilyn hen lwybr o'r mwyngloddiau manganîs yn uwch i fyny ar lethrau Moel Ysgyfarnogod. Mae angen felly bod yn ymwybodol fod y tir wedi cael ei ddefnyddio dros sawl cyfnod os am ddehongli'r safle'n effeithiol.

O fewn tafliad carreg, yr ochr arall i'r wal ac yn syth o'n blaenau, mae gweddillion hafoty sy'n dyddio o rywbryd yn ystod yr Oesoedd Canol. Yr hafoty oedd y tŷ ar y mynydd lle roedd ffermwyr y cyfnod yn mudo i fyny iddo dros yr haf hefo'u hanifeiliaid. Yma mae olion hirsgwar yr hafod i'w gweld, er bod y muriau yn amlwg wedi disgyn. Y ffaith fod y rhain yn adeiladau hirsgwar sy'n eu gwahaniaethu oddi wrth rhai o'r adeiladau cynhanesyddol. Fel arfer mae gweddillion yr hafotai ychydig yn fwy sylweddol ac wedi goroesi'n well na chytiau'r Gwyddelod, ond y tebygrwydd yw bod cerrig o'r hafotai yma yn aml wedi eu hailgylchu yn ddiweddarach ar gyfer adeiladu waliau sychion cyfagos.

Rhaid dringo wedyn, gan ddilyn llwybr y mwynwyr, heibio i hen gorlan ar y dde ac i fyny wedyn at dir gwastad ar ochr y Gyrn, sef craig sy'n sefyll 338m uwch lefel y môr. Cawn brofiad o deithio'n ôl mewn amser wedyn gan fod yma dair nodwedd, neu safle, o'r Oes Efydd. Mae tomen losg arall yn agos i ffrwd fechan – ond mae hon yn anoddach i'w gweld na'r llall gan fod eithin

Yr hafod

wedi tyfu drosti. Rhaid edrych yn ofalus drwy'r tyfiant a cheisio adnabod yr amlinelliad. Unwaith yn rhagor, mae'r lwmpyn neu'r domen ar ffurf pedol ac yn agos at ddŵr.

Ar ochr ogleddol y ffrwd ac yn union o dan glogwyn gorllewinol y Gyrn mae carnedd gron, sef safle claddu o'r Oes Efydd sy'n cynnwys dau gylch o gerrig isel ac yn mesur oddeutu 12 medr ar draws. Os oedd yma unwaith ryw fath o garnedd neu domen yn gorchuddio'r canol, mae honno wedi hen ddiflannu neu erydu – ond oddi fewn i'r garnedd yma byddai rhywun, unigolyn pwysig efallai, wedi cael ei gladdu rhwng tair a phedair mil o flynyddoedd yn ôl.

Ar y ddaear heddiw mae modd gweld dau gylch o gerrig isel sy'n ffurfio ochr fewnol ac allanol y cylch. Yn ôl Gresham (1967) roedd hen fapiau'n cyfeirio at y safle fel 'cylch cerrig' ond rydym yn gwybod bellach mai ymyl carnedd yw'r cylch. Hyd yn oed mor ddiweddar â 1967 doedd y domen losg ddim wedi ei hadnabod yn iawn, a tydi Gresham ddim wirioneddol yn gwahaniaethu rhyw lawer rhwng y tri safle yma ar ochr y Gyrn.

Mae'r ail garnedd gladdu dipyn yn llai ac ar yr ochr ddeheuol i'r ffrwd. Yma gellir gweld y gist fewnol lle byddai corff wedi gorwedd, er bod meini'r gist wedi eu disodli. Unwaith eto amgylchynir y bedd gan ddwy res o gerrig wedi eu gosod yn y tir er mwyn dynodi ffiniau'r garnedd. Fedrwn ni ond dychmygu bellach pwy oedd yr unigolion a gladdwyd yma ar y tir uchel, beth oedd eu statws o fewn y gymdeithas a beth oedd arwyddocâd neu bwysigrwydd y safle. Dydi'r garnedd a'r gist ddim yn unigryw yn y rhan yma o'r byd, – mae enghraifft eraill yng Nghwm Nantcol.

Ychydig yn uwch i fyny, ar ochr chwith y llwybr sy'n dringo'r llethr i'r gogledd o Foel y Geifr, mae olion dau gwt crwn. Dyma i chi safle diddorol – mae yma ddau gwt crwn wrth ymyl ei gilydd, un mewn cyflwr gweddol dda a'r llall prin yn gysgod o adfail ar y dirwedd. Byddaf yn ystyried yn aml wrth ymweld â'r safle yma a gafodd un cwt ei ddymchwel er mwyn defnyddio'r cerrig ar gyfer codi cwt o'r newydd. Mae'n rhesymol awgrymu bod hen dai yn cael eu dymchwel a thai newydd yn cael eu codi yn eu lle. Mae enghraifft posib o hyn i'w weld yn ogystal yn Nhŷ Mawr, Caergybi (gweler Pennod 8).

Ar yr ochr dde i'r llwybr, ychydig cyn olion twll neu *adit* chwarel fechan, cawn olion carnedd gladdu gron arall, un debyg iawn i'r un islaw ger y Gyrn. Bydd pobol yn gofyn i mi yn aml sut mae gwahaniaethu rhwng cwt crwn a charnedd gron, ond wir i chi, mae'n ddigon amlwg i rywun sydd wedi gweld ambell enghraifft o'r ddau. Mae seiliau'r cytiau crynion yn waliau o gerrig sychion sylweddol tra mae'r carneddau'n aml yn gylch neu ddau gylch o gerrig wedi eu gosod yn y tir, heb fod yn cyffwrdd – felly yn debycach i gylch o gerrig.

O'r fan yma mae Bryn Cader Faner i'w weld ar y gorwel, a byddaf yn pendroni'n aml pan fyddaf yn tywys pobol yma pryd yn union i gyflwyno'r gofadail arbennig yma iddyn nhw. Weithiau, bydd yn well gen i gadw'n ddistaw ac arwain y cerddwyr at

ysgwydd y bryn, a cherdded wedyn i fyny tuag at y safle i gyfeiriad y gogledd-ddwyrain. Wedyn bydd Bryn Cader Faner yn ymddangos ar y gorwel fel coron neu belydrau'r haul yn codi o'r tir.

Mae gweld Bryn Cader Faner am y tro cyntaf yn brofiad bythgofiadwy, boed hynny mewn eira, niwl neu haul braf. Dyma un o'r safleoedd cynhanesyddol mwyaf trawiadol ac unigryw sydd ganddom ni ym Mhrydain – a does fawr o neb yn gwybod

Meini trawiadol Bryn Cader Faner

amdano a fawr o neb yn ymweld â'r safle (dwi bron ag ategu hyn drwy ddweud 'diolch byth!'). Dyma ni, yn wirioneddol agosach at y nefoedd.

Yr hyn sydd i'w weld yma yw pentwr o gerrig neu garnedd gyda meini neu slabiau yn codi o'r domen ar ongl o oddeutu 45 gradd. Y tebygrwydd yw bod y cerrig yma, sydd oddeutu medr o uchder, wedi eu gosod yn fwriadol i mewn yn y garnedd a wastad wedi bod yn weledol, hyd yn oed os, neu pan, oedd mwy o gerrig ar y garnedd. Felly, rydym fel archaeolegwyr yn awgrymu fod y cynllun yn fwriadol o'r dechrau er mwyn creu argraff.

Pwy oedd y person pwysig a gladdwyd yma, yn y fath le? Mae'n rhaid ei fod, pwy bynnag oedd o neu hi, yn berson o statws uchel o fewn y gymdeithas i haeddu neu hawlio beddrod o'r fath. Does dim gweddillion na thystiolaeth bellach yma i awgrymu oed na rhyw y person gafodd ei gladdu.

Damcaniaeth Gresham yw bod arwyddocâd i'r ffaith fod y gofadail i'w gweld yn well wrth ei chyrraedd o gyfeiriad y de, gan awgrymu efallai fod y person a gladdwyd yma wedi byw felly i'r de o'r safle. Nid yw mor hawdd awgrymu lle yn union y byddai pobol wedi byw – mae tir corsiog iawn yn yr ardal hon – ond mae meini hirion o'r un cyfnod yn ardal Moel Goedog ger Harlech, sy'n awgrymu fod yr ardal yma'n cael ei defnyddio yn ystod yr Oes Efydd.

Yn sicr, gan fod y beddrod yn gorwedd ychydig is na chopa'r ysgwydd, nid yw i'w weld o bell wrth gerdded ato o'r gogledd. Felly, a oedd taith olaf y person a gladdwyd yn rhyw fath o orymdaith o gyfeiriad y de, a'r bedd wedyn o'i flaen ar y gorwel yn ei ddisgwyl? Mae cwestiwn fel hyn yn gwneud i rywun feddwl a dychmygu, yn tydi? Does dim tystiolaeth archaeolegol bendant ar gael, a fedrwn ni byth ddarganfod a oedd pobol yn gorymdeithio tuag at gofadail fel hyn, felly mae'n hanfodol dychmygu a damcaniaethu os am gynnig darlun mwy cyflawn o'r hanes.

Mae hanes diweddarach i'r safle yma hefyd, gan fod milwyr wedi dod yma a defnyddio rhai o'r slabiau o'r gofadail ar gyfer ymarferion saethu ar ddechrau'r Ail Ryfel Byd, sydd wedi achosi peth difrod i ochr ddwyreiniol y gofadail. Yn ôl Gresham mae cofnod o 1914, yn ystod ymweliad gan y Comisiwn Brenhinol, yn nodi fod y safle mewn 'cyflwr perffaith'.

Heddiw mae ein dyled yn enfawr i'r hynafiaethydd W. J. Hemp am achub y gofadail a dod i gytundeb â'r Weinyddiaeth Amddiffyn na fyddai mwy o ddifrod i'r safle. Er datganiadau'r Comisiwn Brenhinol yn 1914 fod y gofadail mewn cyflwr perffaith mae'n debyg fod y twll yng nghanol y gofadail yn dystiolaeth fod rhai wedi cloddio yma cyn 1914 yn chwilio am 'drysor'.

O edrych ar hen luniau roedd tua 15 maen yn codi o'r garnedd ond erbyn heddiw mae oddeutu 24 yno, sy'n awgrymu fod pobol wedi ailgodi neu ychwanegu rhai o'r meini dros y blynyddoedd. Yn wir, yn ystod 2013-14 bu i rywun godi maen yng nghanol y garnedd, a bu'n rhaid i mi roi gwybod i Cadw am hynny er mwyn iddynt allu adfer y gofadail ym mis Mehefin 2104. Dyma ymateb Adele Thackray o Cadw, Mehefin 2014:

I visited Bryn Cader Faner yesterday – it is such an outstanding monument. The re-erecting of stones has been a common feature since its discovery (never one in the middle though), one of the earlier plans only records 15 edging and now there are 24. Ian (Halfpenney) and I dismantled the central new addition after studying plans and old images. Unfortunately it was difficult to locate the exact location of some of the disturbed cairn material but we at least removed the one that was erected over the cist. Thank you again for reporting this.

Wrth ffarwelio â Bryn Cader Faner a throi am adre yn ôl i lawr y mynydd mae'n werth cymryd amser i edrych i lawr ar Faes y Caerau, hen ffermdy o Oes yr Haearn wedi ei amgylchynu gan ddau glawdd a chwt crwn yn y canol. Nid bryngaer fel y cyfryw ydyw, ond yn hytrach safle wedi ei amgylchu – i gadw anifeiliaid i mewn yn y lloc, efallai, ac i gadw anifeiliaid gwyllt allan yn hytrach nag fel amddiffynfa rhag ymosodiad. Gellir gweld Maes y Caerau (Cyfeirnod Map OS: SH 635362) o ysgwydd y mynydd ger yr hafoty / dau gwt crwn a ddisgrifir uchod.

Yr hyn a geir felly wrth fynd am dro i Fryn Cader Faner o

gyfeiriad Caerwych yw cyfle i astudio tirwedd archaeolegol o wahanol gyfnodau. Mae modd cyrraedd Bryn Cader Faner o gyfeiriad Moel Goedog (Cyfeirnod Map OS: SH 614325) hefyd, a'r un yw'r profiad, gyda llu o nodweddion archaeolegol ar hyd y llwybr hwnnw hefyd.

Ar 30 Mai 2014 cerddais at Fryn Cader Faner yng nghwmni'r arlunydd Iwan Gwyn Parry er mwyn iddo gael gweld y gofadail ar gyfer creu'r llun sydd ar glawr y gyfrol hon. Unwaith eto pwysleisiaf gymaint o fraint yw cael cyflwyno'r safle yma i bobol am y tro cyntaf, a chael cyffwrdd â'r 'hen bobol' – mewn ysbryd, o leiaf.

Bryn Cader Faner

Hyd y daith: tua awr a hanner o gerdded pob ffordd.

Map yr ardal: OS Landranger 124
Cyfeirnod Map OS: Bryn Cader Faner SH 647354
Cyfeirnod Map OS: Carneddau: SH 640358, SH 640359
Cyfeirnod Map OS: Tomen Losg SH 641358

Man Cychwyn: Llyn Tecwyn Isaf SH 630370
Parcio: Prinder lle ond mae gofod ger y llyn.
Graddfa: Dringo serth am 1 ½ awr ar dir gwlyb. Mae llwybrau'r mynydd wedi eu marcio. Bydd angen dillad addas ar gyfer tywydd gwlyb ac esgidiau cerdded.

O Lyn Tecwyn Isaf dilynwch y ffordd at fferm Caerwych (SH 635369). Ar ôl pasio'r beudy olaf ar y dde dilynwch y llwybr cyhoeddus i fyny ochr y mynydd gan gadw i'r dde o gopa'r Gyrn (338m) yr holl fordd at y carneddau crwn sydd ar ochr orllewinol y Gyrn.

Dilynwch y llwybr yn eich blaen wedyn (Llwybr Ardudwy) gan anelu am Fryn Cader Faner.

Mae Bryn Cader Faner i'r gogledd-orllewin o Foel Ysgyfarnogod. Arwyddion Llwybr Ardudwy.

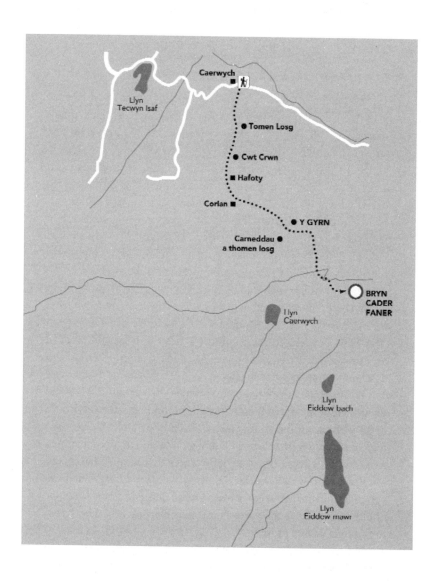

6. Tre'r Ceiri, Llanaelhaearn

Cyfnod : Oes yr Haearn – cyfnod Rhufeinig

Tybiaf mai Tre'r Ceiri yw'r enwocaf o fryngaerau Gwynedd, ac mae lle i ddadlau mai hon yw'r fwyaf trawiadol. Yn sicr, mae'r muriau anferth a'r cytiau crynion yn amlwg iawn i unrhyw un sy'n ymweld â'r safle.

Saif Tre'r Ceiri ar y copa mwyaf dwyreiniol o dri chopa'r Eifl ar benrhyn Llŷn, gyda phentrefi Llanaelhaearn a Threfor wrth droed y mynydd. Ar y man uchaf, mae'r tir yn codi i 485 medr, neu 1591 troedfedd, uwch lefel y môr, a gyda golygfeydd dros Lŷn i'r gorllewin, Môn i'r gogledd ac Eryri i'r dwyrain, byddwn hefyd yn dadlau fod hon yn fryngaer sydd heb ei hail o ran golygfeydd – gyda mynyddoedd Iwerddon i'w gweld ar ddiwrnod clir.

Datblygodd bryngaerau o ddiwedd yr Oes Efydd ac roeddynt yn cael eu defnyddio wedyn drwy Oes yr Haearn – ac mewn rhai achosion drwy'r cyfnod Rhufeinig a thu hwnt. Yr hyn a olygir gan 'fryngaer' yn amlach na pheidio yw bryn neu fynydd wedi ei amddiffyn gan ffosydd a chloddiau, sydd wedyn yn amgylchu cytiau neu ofod ar gyfer lloches.

Parhau mae'r drafodaeth am bwrpas y bryngaerau. Mae rhai yn sicr yn bentrefi wedi eu hamddiffyn, ond erys y cwestiwn: a oedd y rhain yn bentrefi mewn defnydd parhaol? Y cwestiwn amlwg efallai yw hwn: a oedd pobol yn byw yno dros y gaeaf, neu a oedd y bryngaerau'n cael eu defnyddio'n dymhorol? Mae caerau eraill, megis Caer y Tŵr yng Nghaergybi, lle ymddengys nad oes cytiau tu mewn i'r muriau, gan awgrymu defnydd arall – lloches, efallai, mewn cyfnod o fygythiad, neu bwrpas hollol wahanol megis man i ymgynnull?

Fel arfer, dydi un esboniad ddim yn gwneud y tro. Mae amrywiaeth o fryngaerau drwy'r wlad ac o bosib, felly, amrywiaeth yn y defnydd ohonynt, ond yn gyffredinol rydym yn sôn am fryniau wedi eu hamddiffyn.

Yr hyn sydd yn arbennig am Dre'r Ceiri yw'r mur anferth o

Tre'r Ceiri

gerrig o amgylch y gaer, a'r ffaith fod y cytiau a'r adeiladau mewnol mewn cyflwr mor dda. O sefyll ar y copa ac edrych i lawr dros y gaer mae rhywun yn gallu gweld cynllun clir y cytiau oddi mewn iddi. Mae llwybrau cymharol dda yma (hynny yw, i gerddwyr abl), sef llwybrau defaid sy'n eich arwain mewn cylchdaith o amgylch y gaer, felly mae crwydro o amgylch tu mewn y gaer dipyn yn haws na chrwydro safle fel Garn Boduan lle mae'r grug a'r mieri yn gallu bod yn ofnadwy o drwchus, yn enwedig yn ystod misoedd yr haf.

Yn Saesneg mae'r enw yn cael ei gyfieithu fel 'Town of the Giants' sy'n awgrymu fod y gair 'cewri' rywsut wedi ei lygru i fod yn 'ceiri' dros y blynyddoedd. Diddorol yw'r hen enwau sy'n perthyn i'r cyfnod cyn i archaeolegwyr ddechrau dadansoddi ac archwilio'r safleoedd yma a dechrau gosod dyddiadau pendant iddynt – efallai mai dyma sut roedd trigolion lleol yn esbonio'r fath adeiladwaith hynafol ar ben y mynydd: rhaid mai gwaith y cewri ydoedd. Stori debyg sydd i enw Côr y Cewri neu Stonehenge, sef yr un ymdrech i esbonio'r adeiladwaith hynod.

Disgrifiad da arall, sydd efallai yn fwy cywir na sôn am gewri, yw'r un sy'n cael ei ddefnyddio yng nghyd-destun y beddrod

Muriau Tre'r Ceiri

Neolithig ar Stad Plas Newydd, Ynys Môn, Bryn yr Hen Bobol, a rhaid i mi gyfaddef mai hwn yw'r disgrifiad gorau gennyf. Efallai nad oedd y bobol a fathodd yr enw yn ymwybodol o'r cyfnodau archaeolegol a hanesyddol, ond mae cyfeirio at yr 'hen bobol' yn hollol iawn, ac yn gywir heb orfod manylu am yr union gyfnod. Yr hen bobl, ein cyndeidiau ni felly, oedd yn gyfrifol am y cromlechi a'r bryngaerau. Heddiw rydym yn gwybod bod o leiaf ddwy fil os nad mwy o flynyddoedd rhwng codi'r cromlechi ac adeiladu'r bryngaerau cyntaf – ond 'yr hen bobol' oedd yn gyfrifol, yn sicr.

Mae stori leol wych am hen wreigan fu'n cloddio yn Nhre'r Ceiri dros ganrif yn ôl yn y gobaith o gael hyd i aur, ond o adnabod y safle – sydd mor anhygoel o garegog gyda cherrig o'r mur ac o'r cytiau yn amlwg wedi dymchwel ym mhobman, heb sôn am yr holl gerrig naturiol ar ochr y mynydd – mae rhywun yn amau'n fawr iawn faint o hwyl gafodd yr hen wraig yn trio cloddio yno! Hefyd, o ystyried fod oddeutu cant a hanner o adeiladau o fewn y gaer byddai'r dasg wedi bod yn waith oes iddi.

Yn eu hadroddiad am Dre'r Ceiri yn *Archaeologica Cambrensis*, 1904, mae Baring-Gould a Burnard yn son amdani fel hyn: '*an old woman from Llithfain dreamt that a copper cauldron full of gold was buried in Tre'r Ceiri*' – ac maen nhw'n sicr yn rhoi'r bai arni hi a thrigolion Llithfaen am achosi difrod i'r cytiau a'r muriau – ond efallai fod yr awduron yn bod braidd yn llawdrwm yma. Er y stori, a dwi'n siŵr ei bod yn stori go iawn, erys Tre'r Ceiri fel un o'r bryngaerau mwyaf cyflawn yng ngwledydd Prydain.

Mur

Er mor drawiadol yw Tre'r Ceiri, yr hyn sy'n anodd ei amgyffred yw bod hon yn fryngaer o faint canolig (rhwng 1 a 2.6 ha) yn ôl diffiniad Hogg (1960). Mae'r caerau o'r un cyfnod, sef Oes yr Haearn Hwyr, ar Garn Boduan (Cyfeirnod

Mynedfa Postern

Map OS: SH 310393) a Charn Fadryn (SH 280352) i'r gorllewin o Dre'r Ceiri bron ddwywaith y maint. Fe geisiodd Hogg wahaniaethu rhwng bryngaerau ar sail eu maint, ac mae awgrym yn achos rhai o'r bryngaerau mawr eu bod yn rhy fawr i'w hamddiffyn yn effeithiol. Unwaith eto, dyma ni'n ôl at y cwestiwn o ddefnydd a phwrpas y bryngaerau yma.

Mae'r cylchfur sylweddol sydd o amgylch Tre'r Ceiri wedi ei adeiladu o gerrig sychion, ei drwch rhwng 6 troedfedd a 15 troedfedd mewn rhai mannau, ac mae'n codi i uchder o 3 medr, neu 13 troedfedd, mewn rhannau ar ochr allanol y gaer. Ar ben y mur roedd rhodfa, un debyg iawn i'r hyn a welir ar furiau cestyll canoloesol, felly roedd lle i 'filwyr' gerdded ar y mur ar gyfer cadw golwg neu amddiffyn.

Awgrymodd Gardner (1926) fod rhodfa o'r fath yn dangos dylanwad Rhufeinig, ond rhaid wrth ddyddiad pendant un ai drwy ddarganfod gwrthrychau neu drwy ddyddio radiocarbon i brofi damcaniaeth Gardner. Y tebygrwydd yma yn Nhre'r Ceiri yw bod y gaer yn cael ei defnyddio cyn cyfnod y Rhufeiniad, gydag ailddefnydd o rai o'r cytiau yn ystod y cyfnod Rhufeinig, felly byddai rhywun yn disgwyl i'r rhodfa fod yn perthyn i'r gaer Oes yr Haearn a chyfnod adeiladu'r mur gwreiddiol.

Y tu mewn i'r gaer mae oddeutu 160 adeiladwaith, y rhan fwyaf ohonynt wedi eu clystyru mewn grwpiau amlwg. Yn ôl Dave Hopewell (Ymddiriedolaeth Archaeolegol Gwynedd) mae yma 146 adeilad a 26 o'r rhain yn gytiau crynion gwreiddiol (sef y rhai y gallwn eu hadnabod heddiw), nifer wedi eu rhannu, efallai yn y cyfnod o ailddefnydd diweddarach yn y cyfnod Rhufeinig. Mae'r gweddill yn llociau neu gorlannau ar gyfer anifeiliaid. Yn sicr mae Dave Hopewell ac Ymddiriedolaeth Archaeolegol Gwynedd wedi dangos fod rhai o'r rhaniadau yma wedi eu creu yn erbyn waliau cytiau oedd wedi hen ddisgyn, sydd eto'n awgrymu ailddefnydd ar ôl cyfnod segur yn hanes y gaer.

Mae canlyniadau gwaith cloddio diweddar ar safle cylchfur dwbwl Meillionydd, Pen Llŷn (Oes Efydd Hwyr / Oes yr Haearn Gynnar) dan ofal Raymund Karl a Kate Waddington o Brifysgol Bangor, yn awgrymu fod teuluoedd efallai yn parhau i fyw yn yr un lle, neu yn berchen ar ofod o fewn caer neu loc, ac yn amlwg yn ailadeiladu neu ailgodi tai ar yr un safle dros y canrifoedd. Nid bryngaer mo Meillionydd ond yn hytrach lloc gyda dau gylchfur yn cynnwys nifer o gytiau crynion ar lethrau Mynydd Rhiw – mae'n fwy fel cymuned fechan amaethyddol wedi ei hamgylchu a

Arwyddbost

does dim cymhariaeth o gwbl, o ran maint ac amddiffyn, â'r caerau mawr fel Garn Boduan a Thre'r Ceiri.

Yn achos Meillionydd mae awgrym fod rhai o'r cytiau crynion wedi eu hailgodi o leiaf chwe gwaith, mwy neu lai ar yr un safle. Does dim canlyniadau o'r fath ar gyfer Tre'r Ceiri, ond mae'n bosibl gweld fod tai wedi eu rhannu i unedau llai dros y blynyddoedd. Yr argraff rwyf yn ei chael gan Hopewell yw bod y rhannu yma'n perthyn i'r cyfnod o ailddefnydd hwyrach.

Ceir adeiladau hirsgwar hefyd yn Nhre'r Ceiri – mae nifer ar hyd ochr y cylchfur. Yn achos safleoedd fel cytiau Tŷ Mawr, Caergybi (Cyfeirnod Map OS: SH 212820) roedd rhai o'r cytiau hirsgwar yn cael eu defnyddio ar gyfer gweithgareddau diwydiannol, felly mae lle i ofyn yw'r un peth yn wir yn achos rhai o'r adeiladau yma yn Nhre'r Ceiri. Rydym yn credu fod pobol yn byw yn y cytiau crynion, felly efallai fod defnydd arall i'r adeiladau hirsgwar? Rydym hefyd yn gallu awgrymu fod adeiladau hirsgwar yn dangos dylanwad Rhufeinig, yn sicr yn y canrifoedd cyntaf ar ôl Crist.

Wrth drafod y fferm gaerog yn Din Lligwy, Ynys Môn (Cyfeirnod Map OS: SH 497861) yn sicr rydym yn awgrymu fod y cytiau hirsgwar yn dangos dylanwad Rhufeinig, ac mae'r ffaith fod sbwriel o ganlyniad i weithio metel wedi ei ddarganfod yno yn awgrymu eu bod wedi'u defnyddio fel gweithdai diwydiannol. Yr hyn sy'n rhyfedd, mewn ffordd, yw bod pobol yn parhau i fyw yn y tai crynion (y rhai sy'n cael eu galw'n 'cytiau'r Gwyddelod' ar lafar gwlad – gweler Pennod 8) drwy gydol y cyfnod Rhufeinig yn Din Lligwy – fel petaent yn wfftio'r ffasiwn newydd neu'n datgan eu hannibyniaeth drwy barhau i fyw yn y cwt crwn 'Celtaidd'.

I'r gorllewin a'r gogledd o'r cylchfur mewnol mae

Gallwch weld siâp y cytiau crynion

mur allanol. Y tebygrwydd yw mai yma, ar y llethrau llai serth, y byddai'r trigolion yn cadw anifeiliaid – defaid neu wartheg efallai – ac mae awgrym o lociau neu gorlannau rhwng y ddau fur. Ymddengys fod y mur allanol yma'n deillio o gyfnod diweddarach na'r prif fur mewnol gan ei fod yn croesi'r llwybr at y fynedfa ogledd-orllewinol, ond anodd iawn yw dyddio pa mor ddiweddar. Mae awgrym o fur arall ar yr ochr dde-orllewinol, sydd o bosib yn rhwystr ychwanegol cyn cyrraedd y fynedfa i'r gaer o'r ochr yma.

Dwy brif fynedfa oedd i'r gaer, o'r de-orllewin ac o'r gogledd-orllewin, ac roedd tair mynedfa lai (*postern*) ar yr ochrau dwyreiniol, gogleddol a gorllewinol. Nodwedd ddiddorol iawn i'r fynedfa fechan ar ochr ogleddol y gaer (sydd i bob pwrpas yn fwy o dwll yn y wal o'i chymharu â'r ddwy brif fynedfa) yw'r capan dros y drws, neu'r lintel. Atgyweiriwyd y capan drws yma a rhan o'r muriau gan Ymddiriedolaeth Archaeolegol Gwynedd yn 1990-94. Er gwybodaeth, mae unrhyw garreg sydd wedi ei hailgodi gan yr Ymddiriedolaeth wedi ei marcio â thwll bach crwn ar ochr y garreg.

Er eu bod braidd yn anodd eu gweld a'u dehongli heddiw, mae nifer o olion llociau o amgylch y gaer ar y llethrau deheuol llai serth. Eto, y tebygrwydd yw mai defnydd amaethyddol fyddai i'r rhain, sef cadw anifeiliaid a thyfu cnydau grawn. Mae'n ddiddorol meddwl am drigolion Tre'r Ceiri yn edrych i lawr ar eu caeau a'u tir amaethyddol – efallai fod arwyddocâd i hyn, sef eu bod yn edrych i lawr ar eu tiroedd gyda balchder.

Gwnaethpwyd gwaith archaeolegol diweddar yn ardal Pentrefelin ger Porthmadog, yn ystod cyfnod gosod y bibell nwy newydd o Bwllheli i Flaenau Ffestiniog – a bu cyfle i wneud dadansoddiad o'r olion paill yn yr ardal. Pwrpas arolwg o'r fath yw astudio'r olion paill hynafol sydd yn y pridd er mwyn creu darlun o beth oedd yn tyfu ar y pryd yn y tir cyfagos. Dydi paill ddim bob amser yn goroesi, wrth reswm, ond mae siawns gwell o ddod o hyd i olion o'r fath mewn mawndir neu dir gwlyb fel oedd yn y safle yn ardal Pentrefelin. Ar ôl casglu sampl o'r pridd, gwaith y labordy yw cael hyd i unrhyw olion paill a cheisio'u hadnabod a'u dadansoddi.

Prif ganlyniad yr arolwg paill o Bentrefelin oedd yr awgrym fod amaethu wedi digwydd yma o'r cyfnod Neolithig ymlaen, ac mae'n debyg mai'r patrwm fyddai ffermydd bychain mewn ardaloedd wedi eu clirio o goed. Awgryma'r arolwg hefyd fod y coed yn tyfu'n ôl wedi cyfnodau o glirio ac amaethu. Erbyn Oes yr Haearn, sef cyfnod Tre'r Ceiri, fe welir bod clirio coed wedi digwydd dros ardal ehangach a bod hynny'n batrwm parhaol wedyn yn y mileniwm cyn Crist. Dyma'r patrwm felly – erbyn y canrifoedd olaf

Y fynedfa i Dre'r Ceiri

Tre'r Ceiri o Lanaelhaearn

cyn Crist, bu clirio sylweddol o goed ac roedd cnydau'n cael eu tyfu ar raddfa eang. Mae'n debyg fod y cynnydd hwn mewn tir amaethyddol yn cadarnhau fod y boblogaeth ar dwf a bod mwy o alw ac angen am fwyd.

Rhywbeth mae ymwelwyr yn sylwi arno yn aml yw bod y cerrig sydd i'w cael ar lawr yn Nhre'r Ceiri yn edrych fel petaent wedi eu hollti i greu tro bach sydd bron yn edrych fel powlen i ddal dŵr. Rhywbeth sy'n digwydd i'r garreg (*microgranite*) yn naturiol yw hyn, nid rhywbeth wedi ei greu yn fwriadol gan ddyn. Byddai'r cerrig yma'n rhydd ar ochr y mynydd (*scree*) ac felly'n ychwanegu at amddiffyn y gaer yn hollol naturiol.

Ar y copa ei hun mae carnedd o gerrig sy'n dyddio o'r Oes

Efydd, rywbryd yn ystod yr ail fileniwm cyn Crist, a'r tebygrwydd yw mai dynodi bedd rhywun mae hon. Mae carneddau tebyg i'w gweld ar safleoedd eraill, copa Mynydd Rhiw yn eu mysg, felly'r awgrym yw bod y mynyddoedd yma wedi bod yn safleoedd o bwys, ac efallai o bwysigrwydd ysbrydol i bobol ers canrifoedd cyn adeiladu'r bryngaerau. Cwestiwn da, wrth gwrs, ydi a oedd adeiladwyr y fryngaer yn ymwybodol o bwysigrwydd y garnedd – ond mae'r ffaith fod y garnedd wedi goroesi yn awgrymu fod trigolion Oes yr Haearn wedi ei pharchu, ac wedi ymatal rhag ailddefnyddio'r cerrig i adeiladu eu tai crynion.

Ychydig o wybodaeth sydd yna go iawn i brofi pryd yn union y sefydlwyd y gaer, ond mae archaeolegwyr yn weddol gytûn fod pobol wedi ailddefnyddio'r gaer yn ystod y cyfnod Rhufeinig – efallai o'r ail ganrif oed Crist ymlaen. Yn ystod yr adeg hon roedd gafael y Rhufeiniaid ar ogledd Cymru yn llai amlwg, ac mae awgrym y bu diwedd ar y defnydd o'r rhan fwyaf o'r caerau Rhufeinig oddeutu 130 oed Crist. Dim ond Segontium oedd yn parhau i gael ei ddefnyddio, fel y ganolfan weinyddol, ac efallai fod pobol angen llochesau mwy amddiffynnol o ganlyniad i hyn.

Nid ydym yn gwybod ychwaith beth yn union oedd y berthynas rhwng y Rhufeiniad a'r llwythau brodorol. Oedd y Rhufeiniaid yn gadael llonydd i'r brodorion, tybed, neu'n caniatáu iddynt fyw yn y bryngaerau, neu ddychwelyd iddynt? Rhyw 15 milltir sydd rhwng Tre'r Ceiri a chaer Rufeinig Segontium yng Nghaernarfon, felly mae'n anodd meddwl nad oedd perthynas o ryw fath rhyngddynt.

Yn ôl Gardner (1926) cyfeiriodd yr hanesydd Groegaidd Ptolemy at Benrhyn Llŷn fel penrhyn y 'Gangani', sef yr enw gan y Rhufeiniad ar y llwyth lleol. Yn hyn o beth rhaid cadw mewn cof nad oedd y 'Celtiaid' yn sgwennu, felly nid oes modd cadarnhau o'u safbwynt hwy fod enwau Rhufeinig fel hwn ar y llwythau yn rhai cywir.

Yng ngeiriau Gardner; '*the Romans seem to have left Lleyn severely alone,*' ac mae'n ymddangos felly i ni heddiw hefyd. Mae modd esbonio unrhyw wrthrychau Rhufeinig yn Nhre'r Ceiri fel nwyddau sy'n ganlyniad i fasnachu rhwng y brodorion a'r Rhufeiniaid. Does dim olion Rhufeinig wedi eu darganfod ar

Benrhyn Llŷn – dim hyd yn oed tŷ haf yn Abersoch i ryw filwr oedd wedi ymddeol – felly mae'n ymddangos fod brodorion Llŷn wedi cael llonydd i bob pwrpas yn y cyfnod Rhufeinig.

Diwrnod o gerdded i filwyr Rhufeinig yw'r pellter rhwng Segontium a Thre'r Ceiri felly mae'n rhaid bod dealltwriaeth o fath rhwng y llwythi Celtaidd yn Llŷn a'r Rhufeiniad: yr hyn a elwir yn *Pax Romana*, sef cyfnod o sefydlogrwydd a rhyw ffurf ar hunanlywodraeth. Efallai fod y Rhufeiniaid yn ddigon hapus i adael llonydd iddynt a bodloni ar fasnachu hefo amaethwyr Llŷn! Er hyn, efallai fod yn rhaid i'r Celtiaid dalu trethi i'r meistri newydd yn Segontium.

Mae'n anodd peidio tynnu coes rhyw fymryn yn y cyd-destun yma, gan awgrymu fod gan y Rhufeiniaid ormod o ofn mentro ymhellach i'r gorllewin gwyllt. Does dim tystiolaeth chwaith o unrhyw ymosodiad ar Dre'r Ceiri – dim olion na thystiolaeth archaeoleogol o chwalu'r muriau na llosgi cytiau. Segontium, caer ym Mryncir a Thomen y Mur ger Trawsfynydd oedd ffin orllewinol yr Ymerodraeth Rufeinig felly.

Mae ymwelwyr i Dre'r Ceiri'n holi'n aml iawn lle roedd y bobol yma'n cael eu dŵr. Mae'r ateb yn syml – mae dŵr yn codi ar ochr y mynydd mewn o leiaf dau le sy'n agos i furiau Tre'r Ceiri, ac ar y cynllun sy'n ymddangos yn RCAHM 1960, *Caernarvonshire Volume II : Central*, dangosir 'spring' ar lethrau deheuol y safle islaw'r muriau, ac un arall ar yr ochr ogleddol ger y llwybr sy'n arwain at y lloc allanol ac ymlaen at y fynedfa ogledd-orllewinol. Gwelir cyfeiriad arall at 'springs' ar ochr ogleddol eithaf y gaer, ar y llethrau tu hwnt i'r muriau.

Mae'n rhaid cofio fod y gwaith o gerdded i nôl dŵr yn rhywbeth y byddai'r bobol ifanc wedi ei wneud fel rhan o'u dyletswyddau dyddiol. Byddai pobol wedi derbyn fod dyletswyddau ganddynt – wedi'r cwbl, roedd hyn ymhell cyn oes llyfrau a theledu felly roedd digon o amser ganddynt! Does ond rhaid mynd yn ôl i oes fy mam – fel plentyn yn y pedwar degau roedd nôl llefrith a dŵr yn rhan o'i dyletswyddau dyddiol.

Mae'n debyg mai'r Parch. S. Baring-Gould MA a Robert Burnard FSA, yng nghwmni Harold Hughes, fu'n gwneud gwaith

Un o'r cytiau crynion

cloddio archaeolegol gyntaf yn Nhre'r Ceiri, am ddeng niwrnod yn ystod Gorffennaf 1903. Yn ôl y sôn bu iddynt sicrhau chwe 'gweithiwr' o ardal Bethesda i gynorthwyo gyda'r gwaith. Methiant fu cael hyd i weithwyr o'r ardal leol gan fod prysurdeb yn y chwareli a gwaith amaethyddol yn cymryd blaenoriaeth dros yr haf. Sgwn i ai effaith y Streic Fawr ym Methesda a barodd fod y dynion yma ar gael ar gyfer y gwaith archaeolegol? Pwy a ŵyr, ond mae'n sicr yn gwneud i rywun feddwl, yn tydi? Dyma'r tro cyntaf i mi ddod ar draws cyfeiriad fel hyn at chwarelwyr yn gwneud gwaith archaeolegol. Diddorol hefyd yw nodi fod y gweithwyr yn cael tâl dyddiol o 3 swllt 6 cheiniog yn ogystal â llety a chostau teithio.

Yn ystod y deng niwrnod hynny archwiliodd Baring-Gould a Burnard 32 o gytiau gan ddarganfod olion neu wrthrychau yn 23 ohonnynt. Yr hyn sy'n bwysig ei nodi am y darganfyddiadau yma yw eu bod yn awgrymu dyddiadau pan fu defnydd o'r gaer. Daethpwyd o hyd i ddarnau o olosg, troellenni gwerthyd, darnau o haearn, llestri pridd ac ambell ddarn o asgwrn.

Un o'r gwrthrychau haearn oedd morthwyl gyda neddau (*adze*) ar un pen, a chafwyd hefyd ddarn o *triskele* efydd (addurn Celtaidd), glain gwydr glas, bwcl efydd, darnau o lestri pridd Rhufeinig a chrib gwallt o asgwrn. Bu cloddio pellach yn ystod 1906 dan ofal Prof. Boyd-Dawkins, Col Morgan, Major Breese a Harold Hughes.

Er mor fawr yw'r fryngaer yma ar Dre'r Ceiri, mae'n bosib, os yw Hopewell yn gywir, fod rhywun ond yn son am 26 cwt crwn yma yn wreiddiol, a bod gweddill yr adeiladau ar gyfer defnydd amaethyddol neu weithdai. Beth fyddai'r boblogaeth felly? Os oedd pedwar i bump yn rhannu tŷ, fe fyddai hynny'n rhoi poblogaeth o rhwng 100 a 200 yn syth. Felly rydym yn sôn am gymuned fechan, pentref bychan efallai, ond parhau mae'r drafodaeth ynglŷn â'r defnydd o'r safleoedd yma yn barhaol drwy'r flwyddyn.

Gyda datblygiadau cyfrifiadurol, mae lluniau yn bodoli bellach sy'n awgrymu sut y byddai Tre'r Ceiri wedi edrych. Mae enghraifft wych ar y wefan snowdoniaheritage.info.

A dweud y gwir mae lluniau o'r fath yn hynod ddefnyddiol oherwydd mae ceisio dehongli'r safle, gyda'r holl gerrig sydd o gwmpas, yn gallu bod yn anodd. Yr hyn sydd yn sicr, fodd bynnag, yw bod Tre'r Ceiri yn un o'r henebion mwyaf trawiadol yma yng ngogledd Cymru.

Tre'r Ceiri

Hyd y daith: ¾ awr

Map yr ardal: OS Landranger 123
Tre'r Ceiri: Cyfeirnod Map OS: SH 373446

O Lanaelhaearn dilynwch y B4419 i gyfeiriad Nefyn. Mae man parcio ar y dde ar ochr y ffordd ar ôl 0.9 milltir.

Mi welwch arwyddbost newydd yn eich cyfeirio ar hyd llwybr mynydd tuag at y copa – taith gerdded oddeutu ¾ awr. Bydd angen esgidiau cerdded, oherwydd mae'r llwybr yn serth a mwdlyd mewn llefydd.

Mae llwybrau eraill o ochr Llithfaen, ac o faes parcio uchaf Nant Gwrtheyrn, yr ochr arall i'r Eifl.

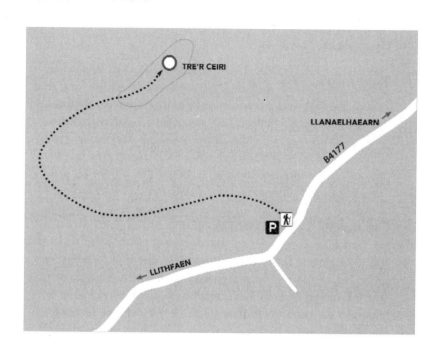

7. Pen y Gaer, Llanbedrycennin

Cyfnod: Oes yr Haearn

Saif bryngaer Pen y Gaer rhyw 1,225 troedfedd uwch lefel y môr, ger pentref Llanbedrycennin, Dyffryn Conwy. Mae'r gaer ar fryn amlwg sydd i'w weld o bell i deithwyr ar hyd yr A470 o Gyffordd Llandudno tuag at Lanrwst. Fel y mae sawl un wedi dweud dros y blynyddoedd, mae'n safle amlwg i adeiladu bryngaer, gyda golygfeydd da ac elltydd serth ar sawl ochr. Mewn erthygl yn 1867 disgrifiodd yr archaeolegydd J. T. Blight Pen y Gaer fel safle *'which has certainly not received the attention it deserves'* – hawdd cytuno ag ef yn hynny o beth. Dyma un o drysorau archaeolegol Gogledd Cymru heb os.

O'i chymharu â Thre'r Ceiri (Pennod 6) mae hon yn fryngaer dipyn llai, ond fel yn Nhre'r Ceiri mae'r gaer wedi ei hamgylchynu gan fur o gerrig sychion. Yma ym Mhen y Gaer gwelwn hyd at dri chlawdd ar gyfer amddiffyn y gaer ar yr ochrau deheuol a gorllewinol, sef y llethrau llai serth, ond dim ond y clawdd mewnol sydd yn gyfan gwbl o gerrig, a darnau o'r clawdd canol ar yr ochr orllewinol.

Un peth mae'n rhaid ei ystyried felly yw ei bod yn berffaith bosib fod y cloddiau wedi eu datblygu a'u hychwanegu dros amser os bu defnydd o'r gaer dros gyfnod hir. Dyma'r patrwm mewn safleoedd fel Castell Odo a Meillionydd lle mae sawl cyfnod o amgylchynu bryn hefo amddiffynfeydd – yn y dechrau, yn yr achosion yma, roedd cyfnod lle roedd yno dai crynion heb eu hamddiffyn o gwbl.

Does dim modd cadarnhau hyn ym Mhen y Gaer heb i archaeolegwyr archwilio'r cloddiau, ond mae'n bosibilrwydd y mae'n rhaid i ni o leiaf ei ystyried. Yn wahanol i Dre'r Ceiri, mae'n debyg mai cytiau crynion wedi eu hadeiladu o bren oedd yma, hyd at ddwsin ohonynt. Eto, mae'n amhosib cadarnhau faint o'r rhain sydd o union yr un cyfnod heb waith cloddio. Yma, dim ond

Y chevaux de frise

y sylfaen crwn wedi ei lefelu ar ochr y bryn sydd yn weddill fel awgrym fod yma unwaith dai.

Yr hyn a ddarganfuwyd yng Nghastell Odo a Meillionydd yw bod y safleoedd wedi cael eu sefydlu yn yr Oes Efydd Hwyr (900-800 cyn Crist) ac yn parhau i gael eu defnyddio hyd at Oes yr Haearn (tua 200 cyn Crist). Mae Tre'r Ceiri yn debygol o fod yn safle hwyrach wedyn ac yn cael ei ddefnyddio'n ystod y cyfnod Rhufeinig; ond er bod gwaith cloddio wedi bod yma ym Mhen y Gaer ar ddechrau'r 20fed ganrif, ni ddarganfuwyd fawr ddim a oedd yn ein galluogi i roi dyddiad i'r cytiau neu'r adeiladwaith.

Dyma'r unig safle yng ngogledd Cymru gyda *chevaux de frise*, sef cerrig wedi eu gosod i atal ceffylau (gweler yr eglurhad llawn drosodd) – neu, yn hytrach, o bosib, yr unig un sydd wedi goroesi. Mae ystyried hyn yn gwneud Pen y Gaer, sy'n fryngaer drawiadol beth bynnag, yn safle pwysicach byth. Cofiaf fynychu penwythnosau archaeoleg ym Mhlas Tan y Bwlch yn ystod fy nyddiau ysgol ddiwedd y saith degau, a gwrando ar yr archaeolegydd Peter Crew yn sôn am y *chevaux de frise* a chael fy ysbrydoli i ymweld â'r safle yma pan gawn y cyfle. Ar y pryd roeddwn yn byw yn sir Drefaldwyn, yn bell iawn o Ben y Gaer a

Dyffryn Conwy, felly bu cyfnod o rai blynyddoedd rhwng darlithoedd Crew a f'ymweliad cyntaf â'r safle.

Un o'r erthyglau cyntaf i'w chyhoeddi am Ben y Gaer oedd adroddiad J. T. Blight yn *Archaeologica Cambrensis* yn 1867, a'r hyn sy'n ddiddorol am yr erthygl honno yw ei bod yn cyfeirio at Ben y Gaer fel 'Pen Caer Helen' gan nodi nad yw'r enw mewn defnydd mor aml â hynny. Mae Blight yn awgrymu cysylltiad rhwng yr enw â Sarn Helen, y ffordd Rufeinig sydd i'w gweld ger Bwlch y Ddeufaen (Cyfeirnod Map OS: SH 716718) rhyw filltir i'r gogledd-orllewin o Ben y Gaer.

Mewn gwirionedd, go brin fod unrhyw gysylltiad rhwng bryngaer Pen y Gaer ac unrhyw wraig o'r enw Helen, Rhufeinig neu beidio, ac fel y noda Babington (1881) mae defnydd o enwau chwedlonol yn dystiolaeth o gyn lleied yr oedd y rhai a fedyddiodd

y llefydd yma yn ei wybod am eu gwir hanes. I ddyfynu Babington: *'This in itself a proof that those who bestowed present names upon them were unacquainted with their origin'*. Ar y llaw arall, o safbwynt traddodiad a hanes Cymru mae'r enwau yma'n hynod ddiddorol. Nes i mi ddechrau pori yn ôl-rifynnau *Archaeologica Cambrensis* roedd yr enw Pen Caer Helen yn ddieithr i mi.

Does neb yn cyfeirio at y safle fel Pen Caer Helen erbyn heddiw, a rhaid cyfaddef fod rhywbeth diddorol iawn

Rhagor o feini y chevaux de frise

ynglŷn â darganfod yr hen enwau a ddefnyddid ar un adeg ar safleoeodd fel hwn. O ran y cyd-destun ehangach, mae'r enwau hefyd yn rhan o'r darlun llawn – yn rhan o'r stori.

Chevaux de frise

Ystyr *chevaux de frise* yw rhywbeth i atal ceffylau rhag ymosod ar safle arbennig, ond mae'r atalfa hwn yr un mor effeithiol i atal milwyr troed hefyd. Yr hyn sydd i'w weld ym Mhen y Gaer yw cannoedd o gerrig neu feini oddeutu 0.5 medr o uchder wedi eu gosod o amgylch y bryn tu allan i amddiffynfeydd y gaer (sef y muriau cerrig arferol).

Y syniad, mae'n debyg, yw bod y cerrig miniog yma i fod i rwystro ceffylau (a dynion yn rhedeg) rhag ymosod ar y gaer. Gellir awgrymu hefyd ei fod yn ddatganiad o statws y safle, ac felly'r llwyth neu'r bobol oedd yn byw yno. Mewn un ystyr does dim ond angen amddiffynfeydd os oes bygythiad o ymosodiad, ond mae mwy o drafod yn ddiweddar ynglŷn â phwrpas y bryngaerau yn gyffredinol a'r syniad bod rhywbeth arall yn bwysig i'r trigolion heblaw'r elfen o amddiffyn yn unig – bod yr holl broses o adeiladu cofadail, gan gynnwys y bensaernïaeth, yn bwysig ynddi ei hun fel datganiad o statws neu o gydweithrediad y gymuned oedd yn byw yno.

Efallai fod y *chevaux de frise* hefyd yn dynodi rhyw fath o ffin o amgylch y gaer – yn sicr, byddai'r cerrig yma'n hollol amlwg, os nad yn hynod drawiadol, wrth i rywun agosáu at y gaer. Byddai fel rhybudd mewn ffordd: dyma le pwysig, cadwch draw os ydych yn elynion!

Byddai tir y trigolion yn sicr wedi ymestyn o gwmpas yr ardal. Byddai eu tir amaethyddol efallai yn ymestyn i gyfeiriad Pant y Griafolen i'r gorllewin, ac mae olion cytiau

Muriau Pen y Gaer

Muriau'r gaer

crynion hefyd i'w gweld yma (Cyfernod Map OS: SH 708667).

Mae Branwell (1883) yn dyfynu Thomas Pennant wrth iddo ddisgrifio'r *chevaux de frise* fel:

... two considerable spaces of ground thickly set with sharp pointed stones set up-right in the earth, as if they had been meant to serve the use of chevaux du fries *[sic]* to impede the approach of an enemy ...

Mae'n debygol felly fod Pennant wedi ymweld â'r gaer dros ganrif ynghynt.

Yn cyd-fynd ag erthygl Branwell mae llun inc sydd, yn ôl Branwell, yn gopi o lun ffotograffig gan Mr Worthington Smith o'r *chevaux de frise*, ac er bod maint y cerrig yn fwy yn y llun nag y maent go iawn, yr awgrym gan Branwell yw eu bod yn y lle iawn, felly, o bosib, dyma gofnod cywir o safle'r meini yn y 19eg ganrif.

Awgrym arall a geir gan Blight yn 1867 yw bod y *chevaux de frise* yn awgrym o lwyth mewnfudol yn hytrach na brodorion, gan fod amddiffynfeydd o'r fath mor anghyffredin yng Nghymru. Damcaniaeth Blight yw bod hwn yn draddodiad wedi ei drawsblannu o orllewin Iwerddon neu Arran yn yr Alban, ac efallai fod mewnfudwyr o'r ardaloedd rheini wedi dod â'r traddodiad hefo nhw. Does dim sail bellach nac unrhyw dystiolaeth archaeolegol fod hyn yn gywir.

Yn adroddiad blynyddol y Cambrians yn 1881, mae C. C. Babington yn cyfeirio at enghraifft arall o *chevaux de frise* yn Dun Angus, Ynysoedd Aran, yn yr Iwerddon (Dun Aonghasa yn yr Wyddeleg). Mae hefyd yn awgrymu fod rhywbeth tebyg i'w weld o amgylch Caer Drewyn ger Corwen (Cyfeirnod Map OS: SJ

088444) ond does fawr o sôn am hyn erbyn heddiw, felly pwy a ŵyr ar ba sail y gwnaeth Babington awgrym o'r fath.

Yn ystod ymweliad gan Griffiths a Hogg â Chaer Lleion (Caer Seion) ar Fynydd Conwy (Cyfeirnod Map OS: SH 760778) yn 1956 gwelwyd dwy garreg yn sefyll i fyny ger y fynedfa a rhagdybiwyd fod y rhain, efallai, yn weddillion o *chevaux de frise*; ond disodlwyd y cerrig gan y ddau ymwelydd, felly go brin mai dyma oedd pwrpas y meini rheini. Er mwyn bod yn sicr cynigiodd Dr Willoughby Gardner y byddai'n werth cloddio'r ardal, ond ni ddaethpwyd o hyd i unrhyw olion pellach.

Awgrymwyd gan Gardner ei bod yn bosib fod *chevaux de frise* yn un o ffosydd Moel y Gaer, Llanbedr Dyffryn Clwyd – ond eto does dim tystiolaeth bellach o hyn, felly parhau mae statws Pen y Gaer fel yr unig *chevaux de frise* yng Nghymru.

Noda Blight fod meini'r *chevaux de frise* yma yn llai o ran uchder na'r rhai ar Arran, ond yr hyn sy'n amlwg wrth ymweld â Phen y Gaer yw bod y cerrig yma, ar yr ochr orllewinol a'r ochr ddeheuol, yn ychwanegu at amddiffyn y ddwy fynedfa, a bod hyn ar yr ochrau sy'n amlwg yn llai serth o amgylch Pen y Gaer.

Wrth ymweld â'r gaer yn 1867 mae Blight yn nodi fod olion cytiau crynion i'w gweld tu mewn i'r gaer. Cafwyd llythyr yn *Archaeologica Cambrensis* 1874 yn disgrifio ymweliad â'r safle gan ŵr a elwid yn 'R.W. B.' sydd mwy neu lai yn ategu disgrifiadau Blight.

Bu gwaith cloddio archaeolegol ar y safle ddechrau'r 20fed ganrif, ac mewn adroddiad byr yn *Archaeologica Cambrensis* 1906 mae Gardner, a gloddiodd ar y cŷd â gŵr o'r enw Harold Hughes ar ran y Nant Conwy Antiquarian Society, yn sôn am roi ffos drwy

Pen y Gaer

Chevaux de frise

ran o'r *chevaux de frise* a thrwy ddarnau o'r ffosydd a'r mur. Yr hyn sy'n ofnadwy o ddiddorol yw iddynt weld fod y cerrig *chevaux de frise* wedi eu gosod ar bridd clai, lliw coch (sef y pridd naturiol) ond bod haenen o fawn wedyn yn gorchuddio darnau o'r cerrig. Rhaid bod y mawn wedi ffurfio o amgylch y cerrig yn ddiweddarach.

Awgrym Gardner oedd bod y cerrig yn agosach at ei gilydd ac yn gerrig mwy ar waelod y bryn, a bod y cerrig yn lleihau o ran maint ac yn gorwedd yn bellach oddi wrth ei gilydd wrth agosáu at y gaer. Rhaid cofio, gydag unrhyw ddamcaniaeth o'r fath, fod yna gwestiwn ynglyn â faint o gerrig sydd wedi cael eu symud oddi yno dros y canrifoedd. Petai rhywun yn cloddio yno heddiw byddai modd gweld olion tyllau ar gyfer unrhyw gerrig coll, ac o ganlyniad byddai'n bosib cael argraff o wir batrwm a natur y *chevaux de frise*.

Ceir awgrym hefyd (os yn gywir) fod elfen neu ddarn arall o *chevaux de frise* yn y ffos fewnol gan iddynt gloddio dwy garreg oedd yn dal i sefyll i fyny, a llawer mwy o gerrig pigog oedd wedi disgyn. Dyma awgrym Gardner ynglŷn â Moel y Gaer hefyd, wrth gwrs.

Ydi hi'n bosib felly fod y cerrig miniog yma yn y ffos yn ychwanegu eto fyth at amddiffynfeydd y gaer? Yn sicr, byddai croesi'r ffos wedi bod yn dipyn o her i unrhyw ymosodwyr. Yn wir, wrth gloi ei adroddiad mae Gardner yn rhoi sylw i faint o amddiffynfeydd y byddai unrhyw ymosodwr yn gorfod eu croesi – roedd y gaer yma wedi ei hamddiffyn o ddifri. Unwaith eto, rhaid nodi nad oes neb arall yn y cyfamser wedi profi bodolaeth *chevaux de frise* y tu mewn i unrhyw ffos – yma ym Mhen y Gaer nag ym Moel y Gaer.

Rhywbeth arall a grybwyllir gan Gardner, a rhywbeth sy'n berthnasol i gymaint o'n henebion yng Nghymru, yw'r tebygolrwydd fod rhan helaeth o'r muriau cerrig sychion wedi eu cludo ymaith dros y canrifoedd ar gyfer adeiladu waliau sychion caeau yn y cyffiniau.

Yn ôl Gardner, mewn adroddiad diweddarach yn 1926, mae'n bosib fod ffrwd fechan i'r gogledd-orllewin yn darparu cyflenwad o ddŵr ar gyfer y trigolion yma ym Mhen y Gaer. Unwaith yn rhagor, fel yn achos sawl un o'r safleoedd hyn, roedd y ffynhonell ddŵr yn gyfagos a chyfleus.

Pwynt arall diddorol sy'n codi o drafodaeth Gardner (1926) am y ffosydd yw ei ddisgrifiad o'r ochrau fel '*slatey scree*'. Mae'n debyg iawn fod ffosydd bryngaerau yn cael eu glanhau o bryd i'w gilydd. Byddai glaw ac erydiad naturiol yn golygu fod sbwriel neu bridd yn cael ei olchi i mewn i'r ffosydd, a byddai'r ochrau yn tueddu i fynd yn llai serth. Felly byddai aildyllu a chlirio yn cadw'r ffosydd yn serth ac o ganlyniad yn anodd i'w croesi. Dychmygwch drio dringo allan o ffos gydag ochrau serth iddi – yn enwedig un gydag ochrau llithrig o '*slatey scree*'!

Dyma safle sydd yn werth ymweld ag ef am o leiaf dau reswm: y lleoliad a'r golygfeydd dramatig, ac er mwyn cael darganfod yr unig esiampl o olion *chevaux de frise* sydd i'w gweld yng Nghymru.

Pen y Gaer

Hyd y daith: 10 munud

Map yr ardal: OS Landranger 115
Pen y Gaer: Cyfeirnod Map OS: SH 750693

Dilynwch y ffordd o Lanbedrycennin heibio i dafarn yr Old Bull Inn, ac wrth ddringo am 0.6 milltir cadwch olwg am gyffordd i'r chwith. Mae maes parcio bychan ar ben y bryn a llwybr troed wedyn draw at y gaer. Mae bwrdd gwybodeth Cadw diweddar ger y gamfa.

Taith gerdded o 10 munud i'r safle. Dringo hawdd ond y tir yn gallu bod yn wlyb felly byddai esgidiau cerdded yn fanteisiol.

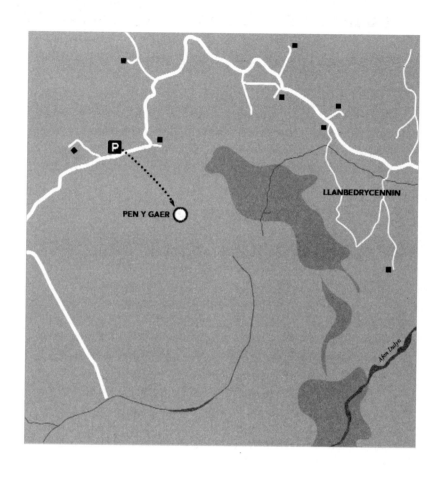

PEN Y GAER

LLANBEDRYCENNIN

Afon Dulyn

8. Cytiau'r Gwyddelod
('Cyttiau'r Gwyddelod')

Cyfnod: Oes Efydd, Oes yr Haearn, cyfnod Rhufeinig

Un o'r cwestiynau sy'n codi'n aml yw pwy yn union oedd yn byw yng nghytiau'r Gwyddelod – a phwy oedd yn gyfrifol am eu hadeiladu? 'Cytiau'r Gwyddelod' yw'r enw ar lafar gwlad am gytiau crynion, ac yn amlach na pheidio, defnyddir yr un disgrifiad mewn hen lyfrau.

Tai neu gartrefi pobol yw'r rhain, gan amlaf, yn dyddio o gyfnod Oes yr Haearn a'r cyfnod Rhufeinig. Yn wir, mae cytiau crynion yn cael eu defnyddio fel tai o'r Oes Efydd ymlaen, drwy Oes yr Haearn ac ar y cyfan mae'r brodorion yn parhau i fyw mewn cytiau o'r fath drwy'r cyfnod Rhufeinig. Mae ambell gwt crwn neu safle yn gallu dyddio'n ôl i'r Oes Efydd felly, er bod y cytiau cynnar yma yn tueddu i fod mewn cyflwr llai cyflawn erbyn heddiw.

Rydym wedi dod o hyd i dai crynion ar safle Meillionydd, Rhiw, sy'n dyddio'n ôl i'r Oes Efydd Hwyr, ac mae enghraifft arall bosib o gytiau o'r Oes Efydd ger y garnedd gron sydd gerllaw Carneddau Hengwm (gweler Pennod 4). Yn ddigon naturiol, mae olion yr Oes Efydd wedi cael mwy o amser i gael eu chwalu neu eu dinistrio dros y canrifoedd, ond yn achos Meillionydd mae'r olion wedi eu cadw'n saff o dan y pridd, a does neb, am resymau amlwg, wedi trin tir yr ucheldir ger Carneddau Hengwm ag aradr fyddai wedi amharu ar unrhyw olion.

Un anhawster wrth geisio dyddio'r cytiau yw bod angen cloddio archaeolegol i ddechrau, sydd yn waith costus (a diddiwedd o ystyried nifer y safleoedd yr hoffai rhywun eu harchwilio). Yn ail, ychydig iawn o lestri pridd oedd yn cael eu defnyddio yng ngogledd Cymru yn ystod Oes yr Haearn, felly hyd yn oed petai gwaith cloddio'n digwydd fe allai rhywun beidio dod o hyd i unrhyw beth fyddai'n cadarnhau cyfnod penodol.

Os oedd y cytiau yn cael eu defnyddio yn ystod y cyfnod Rhufeinig mae siawns o gael hyd i lestri pridd Rhufeinig neu

wrthrychau eraill, sydd yn sicr wedyn yn rhoi syniad o ddyddiad i ni, ac yn awgrymu, o safbwynt yr economi, fod masnach yn digwydd rhwng y brodorion a'r Rhufeiniaid. Dyma sydd i'w weld yn Din Lligwy (Pennod 9).

Yr hyn sydd i'w weld ar y dirwedd heddiw gan amlaf yw olion waliau – cerrig sychion, yn amlwg ar ffurf cylch – a'r muriau isel yma oedd sylfeini'r cytiau crynion. Ceid wedyn fframwaith o bren y tu mewn i'r muriau i ddal y to, a byddai gwellt, grug neu dyweirch yn ffurfio'r to ei hun. Yn amlwg, mae unrhyw olion o'r pyst, sef y pren ei hun, wedi hen ddiflannu – er bod modd darganfod tyllau'r pyst drwy gloddio archaeolegol. Olion neu

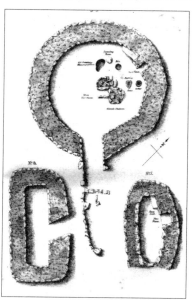

Tŷ Mawr Caergybi
(lluniau W. O. Stanley)

siapiau crwn o bridd tywyll ydi'r rhain, sydd yn aml yn cynnwys 'cerrig pacio' sef y cerrig oedd yn dal y pren yn ei le yn y twll.

Yr eithriad o ran gweld olion cerrig yw safleoedd lle roedd y tai crynion wedi eu hadeiladu o bren yn unig. Ym Mhen y Gaer

119

Tŷ Mawr, Caergybi

(Pennod 7), er enghraifft, mae modd gweld olion y llwyfan neu'r teras a grewyd ar gyfer gosod y cwt crwn arno, ond rhaid wrth lygaid craff iawn i adnabod y nodweddion hyn.

Yn aml, ffermydd bychain oedd y safleoedd yma, felly amaethyddiaeth oedd yr economi ac weithiau gwelir waliau isel neu derasau yn gysylltiedig â'r cytiau. Yn union fel heddiw, efallai fod buarth o flaen cwt, ac o amgylch hwnnw byddai'r caeau. Y tebygrwydd yw bod dyn yn edrych am dir gweddol wastad a sych, agos at ddŵr, gyda phridd ffrwythlon ar gyfer cnydau ac efallai ychydig o gysgod. Ar lethrau mae gobaith bod dŵr yn draenio'n well, ac yn aml iawn gwelir bod cytiau wedi cael eu torri i mewn i'r bryn er mwyn creu sylfeini gwastad (er bod hyn yn creu problem tamprwydd; gweler Gresham 1972).

Y camsyniad sy'n cael ei greu drwy ddefnyddio'r enw 'cytiau'r Gwyddelod' yw eu bod yn perthyn i Wyddelod go iawn – neu yn waeth, bod holl boblogaeth gogledd-orllewin Cymru ar un adeg wedi mudo drosodd o'r Iwerddon neu mai Gwyddelod oedd yma cyn y Cymry.

Mae'n siŵr fod mudo wedi digwydd dros y canrifoedd – yn wir, mae beddrod Barclodiad y Gawres (Pennod 3) ar Ynys Môn yn dystiolaeth fod pobol wedi croesi Môr Iwerddon yn ystod y cyfnod Neolithig ac wedi rhannu syniadaeth, diwylliant a chrefydd hyd yn oed. Ond adeiladwyd beddrodau Neolithig fel Barclodiad oddeutu dwy fil neu fwy o flynyddoedd yn gynharach na'r cyfnod 'Celtaidd', felly dydi'r cysylltiad cynnar yma rhwng Iwerddon a Chymru ddim yn esbonio cytiau crynion Oes yr Haearn a'r cyfnod Rhufeinig.

Hoffwn ddiolch yn fawr i Dr Angharad Price o Adran y Gymraeg ym Mhrifysgol Bangor am fy nghynorthwyo ynglŷn â tharddiad yr ymadrodd 'cytiau'r Gwyddelod'. Penderfynais dro yn ôl, gan na allwn ateb pwy yn union oedd y Gwyddelod yma, y byddai trio dod o hyd i'r defnydd cyntaf o'r disgrifiad 'cytiau'r Gwyddelod' mewn print yn fan cychwyn da.

Yn ôl *Geiriadur Prifysgol Cymru*, y tro cyntaf mae 'cytiau'r Gwyddelod' ('cutiau'r Gwyddelod') yn ymddangos mewn print yw ym *Mona Antiqua Restaurata* yn 1723, sef llyfr Henry Rowlands sy'n cofnodi henebion Môn. Mae cyfeiriad hefyd yn y geiriadur at y ffaith fod Lewis Morris wedi defnyddio'r disgrifiad yn 1757, ond fel brodor o Fôn mae'n berffaith bosib fod Morris yn gyfarwydd â chyfrol Rowlands.

Ond yr hyn sydd yn ofnadwy o ddiddorol yw'r hyn mae Rowlands yn ei ddweud yn ei lyfr, sef: *'Tis true they are called Cyttie'r Gwyddelod viz the Irish men's cottages,'* sydd yn awgrymu fod y disgrifiad mewn defnydd yn barod ar lafar gwlad erbyn i Rowlands astudio henebion Môn ar ddechrau'r 18fed ganrif.

Os felly, gallwn wthio'r enw yn ôl i o leiaf yr 17eg ganrif. Cadarnhaodd Angharad Price nad oedd 'cwt' yn air Cymraeg yn yr Oesoedd Canol. Mae 'cwt' yn tarddu o'r Saesneg '*cottage*', ac eto yng *Ngeiriadur Prifysgol Cymru* mae'r cyfeiriad cyntaf at 'kwt mochyn' yn dyddio o 1547, ac mae G. Roberts yn 1585 yn cyfeirio at 'cwt bach'.

Cyfeiria'r geiriadur at y ffaith fod y gair 'cwt' ar lafar yn Arfon. Felly oes posib i ni awgrymu nad oedd y gair 'cwt' yn cael ei ddefnyddio yn y Gymraeg lawer cyn 1500? Yn sicr gallwn awgrymu nad yw 'cwt' a 'cytiau' yn ddisgrifiadau hynafol iawn felly o'r tai crynion dan sylw; hynny yw, go brin fod Llywelyn ab Iorwerth yn gyfarwydd â'r term 'cytiau'r Gwyddelod'!

Mae'n debyg i William Camden gyfeirio at gytiau crynion Môn fel '*Hibernicorum casulae*' ('*Irish cottages*') yn niwedd yr 16eg ganrif a bod Edward Lhuyd wedyn yn 1695 wedi eu galw yn 'killieu'r Gwyddelod', felly nid Rowlands yw'r cyntaf i gysylltu'r cytiau â'r Gwyddelod, er mai ef yw'r cyntaf i ddefnyddio'r term 'cyttiau'.

Yn ei adroddiad ar Gytiau Crynion Tŷ Mawr yn *Archaeologica Cambrensis* yn 1868 mae W. O. Stanley yn cyfeirio at amheuon Rowlands ynglŷn â'r disgrifiad o Wyddelod. Gan ddyfynnu Rowlands:

> ...this is a vulgar error, if by Gwyddelod be meant the inhabitants of Ireland, who never inhabited Anglesey so as to have left any remains.

Damcaniaeth Rowlands felly, gan ei ddyfynnu o *Mona Antiqua Restaurata* oedd:

> ... but, if by Gwyddelod be meant the aborigines, the first inhabitants, as it is not unlikely it may, for the first two words that make up the name are purely British, viz Gwydd and Hela, ie wood-rangers, which was perhaps the common appellation of the aborigines, lost with us, and retained only by the Irish.

Awgrym Rowlands felly yw bod y cytiau crynion yn gartrefi i'r bobol gyntaf i glirio'r coedwigoedd a dechrau amaethu'r tir. Diddorol hefyd yw nodi fod W. O. Stanley, dros ganrif yn ddiweddarach, wedi dewis trafod damcaniaethau Rowlands a tharddiad y disgrifiad 'Cytiau'r Gwyddelod'.

Yn *Archaeologica Cambrensis* 1866 mae J. Rhys yn holi ym mha ardaloedd defnyddir y term 'cytiau'r Gwyddelod', gan awgrymu:

> My friend Mr Elias Owen, in a paper recently read at the Llangollen Congress of the British Archaeolgical Association, stated that it is not current in Carnarvonshire. Is this so? And is the term confined to Anglesey or Holy Island?

Wrth drafod ymweliad â Chors y Gedol yn Ardudwy yn 1881, mae Hugh Prichard yn sôn am darddiad yr enw:

Y Gyrn, ar y ffordd i Fryn Cader Faner

... which in remote times may have been called Corsygadhel, Gaedhil, or Gwyddel ... a supposed link between its antiquities and a Gaedhelic race; a random conjecture I fully admit, and to be received as such.

Yr hyn sy'n amlwg yma yw bod y cysylltiad Gwyddelig yn amlwg yn rhywbeth oedd yn cael ei drafod yn y 19eg ganrif gan hynafiaethwyr. Yn ôl Prichard:

Their origin is attributed by the inhabitants to a Gwyddelian race, who are supposed to have preceded them in the occupation of Wales. So widely spread is this tradition along our south-western coast that no one familiar with the Welsh language can fail to meet with it.

Wrth sgwrsio hefo un hen fugail ger Cors y Gedol mae Prichard yn cael yr hanes mai llwynogod oedd cŵn y Gwyddelod, ac mai nhw felly gyflwynodd y llwynog i'r wlad hon. Ond atgoffir y darllenwyr gan Prichard bod sôn am Wyddelod yn ymgartrefu ym Môn, Llŷn, Arfon ac Ardudwy mor ddiweddar â 966 oed Crist yn *Brut y Tywysogion* felly mae'n ddealladwy fod pobol yn drysu

golygfa o Tŷ Mawr

Tŷ Mawr

eu Gwyddelod a'u cyfnodau – fel hyn mae straeon yn cael eu creu.

Yn RCAHM *Inventory of the County of Meirioneth* (tud 79), cawn drafodaeth bellach am darddiad 'cytiau'r Gwyddelod' wrth ymdrin â rhai o'r cytiau crynion ar ochr y Gyrn, Llandecwyn, (gweler Pennod 5, Bryn Cader Faner). Yn ôl RCAHM:

These huts are popularly known by the name of 'Cyttiau'r Gwyddelod', a term which is usually translated 'Irishmen's Huts' and explained to have reference to the dwellings of the earlier branch of the Celtic family now represented in part by the Irish, or a body of invaders from Ireland.

Yn yr un cofnod am Landecwyn, mae'r gair 'gwydd', am gysylltiad â'r goedwig, yn cael ei drafod a hefyd mae'r awdur yn cymharu adeiladwaith cytiau tebyg yn ne-orllewin Iwerddon. Wrth reswm, mae dulliau traddodiadol o adeiladau wedi parhau yn hirach mewn ardaloedd gwledig anghysbell, a digon naturiol yw eu cymharu â'r hyn a welir yng Nghymru, ond does dim awgrym pellach yma fod unrhyw gysylltiad Gwyddelig â'r cytiau crynion yng Nghymru.

Ym mhlwyf Llandecwyn ceir fferm o'r enw Muriau'r Gwyddyl (RCAHM *Inventory of the County of Meirioneth*, tud. 82), fferm sy'n dyddio, o bosib, o ganol y 18fed ganrif. Does dim cofnod gan y Comisiwn o olion cytiau yma, yn hytrach, y diddordeb pennaf yma yw'r enw. Dyma enghraifft perffaith o achos lle mae angen o leiaf ystyried arwyddocâd enw, boed yn enw tŷ neu enw cae, wrth ddehongli tirwedd.

Wrth drafod gwaith cloddio yng Nghhwm Ystradllyn gan Dr

Gerhard Bersu mae Gresham (1972) yn cyfeirio'n ôl at ei waith ei hun yn cofnodi'r gwahanol gytiau yn ardal Dolbenmaen yn ystod 1938 a 1939. Roedd Gresham wedi adnabod tri math o safle: y cwt unigol, clwstwr neu grŵp o gytiau heb eu hamgylchynu ac yn olaf cwt neu gytiau o fewn lloc (wedi eu hamgylchynu). Ei ddiffiniad yn y Saesneg felly oedd '… *what I termed Single Huts, Unenclosed Groups and Enclosed Homesteads'*.

Mae un categori arall wedi ei ychwanegu gan Gresham i'r rhestr, sef cwt o fewn llociau crwn neu *'Concentric Circles'*. Enghraifft dda o un o'r rhain yw Maes y Caerau (Pennod 5) lle gwelir cwt crwn o fewn dau gylchfur o garreg.

Yn aml ar fapiau O. S. gwelir y gair *homestead* neu *hut circles* ac mae'n debyg erbyn heddiw fod 'cytiau crynion' yn well disgrifiad ar eu cyfer na 'cytiau'r Gwyddelod'.

Mewn sgwrs gefais â'r naturiaethwr Twm Elias bu'r ddau ohonom yn trafod y posibilrwydd fod y disgrifiad yn un dilornus, ac efallai'n awgrymu y bu'r cytiau crwn amrwd yma yn gartrefi i Wyddelod tlawd – yr hen syniad efallai o'r 'nafis' yn gweithio ar y ffyrdd a'r rheilffyrdd yn ystod y 19eg ganrif? Ydi hwn felly yn ddisgrifiad sy'n ymylu ar fod yn rhagfarnllyd, os nad yn hiliol – sy'n sicr yn perthyn i gyfnod penodol yn ein hanes?

Ond rhaid cofio, mae'r term yn cael ei ddefnyddio ers y 18fed ganrif os nad ynghynt (gweler Rowlands 1723) felly mae'n debygol fod y term, efallai, yn awgrymu cytiau cyntefig neu gynhanesyddol, ond nad oes cysylltiad â'r Gwyddelod fyddai wedi gweithio yma yng Nghymru ar y ffyrdd a'r rheilffyrdd yn y cyfnodau diweddarach.

Yn ei erthygl am enwau lleoedd Sir Aberteifi, 'Post-Roman Irish Settlement in Wales: new insights from a recent study of Cardiganshire place names' (2007), mae Iwan Wmffre yn dyfynnu o *Ddrych y Prif Oesoedd*:

Y mae traddodiad hyd dydd heddyw ymmysc y werin bobl (er nad ydys yn edrych ar hynny ond megys hen chwedl) fod y Gwyddelod, ryw bryd yn yr amseroedd gynt, yn frodorion Cymru a Lloegr.

Awgryma Wmffre fod hyn efallai yn deillio o'r arfer yng ngogledd-orllewin Cymru o alw'r cytiau crynion yn 'gyttiau'r Gwyddelod'.

Felly, efallai mai hynafiaethwyr megis Camden a Lhuyd sydd yn gyfrifol go iawn am darddiad yr enw. Nid oes tystiolaeth fod y disgrifiad 'cytiau'r Gwyddelod' yn un a ddefnyddir ym mhob ardal yng Nghymru, ac os rhywbeth, cyfyngir y defnydd i'r gogledd-orllewin ac efallai rhannau o'r de-orllewin. Mae'n debyg felly fod yr enw yn fwy o ddisgrifiad o natur gyntefig y cytiau yn hytrach nag unrhyw brawf o ddefnydd gan Wyddelod, ac mai traddodiad llafar gwlad di-sail yw'r un fod Gwyddelod wedi byw yma o flaen y Cymry.

Yn aml iawn mae esboniadau a disgrifiadau yn cael eu cynnig mewn cyfnodau lle nad oedd y ffeithiau archaeolegol ar gael, neu mewn cyfnodau o ddiffyg gwybodaeth, a'r awgrym orau, dybiwn i, yw bod y term 'cytiau'r Gwyddelod' yn fodd o ddisgrifio'r cytiau mewn cyfnodau cyn bod modd ddeall eu cyd-destun a'u cyfnod cywir.

Efallai fod rhan o'r dryswch ynglŷn â Gwyddelod yng ngogledd Cymru wedi ei greu gan yr hanesydd Ptolemy, a oedd yn sgwennu yn yr 2il ganrif oed Crist yn Alexandria yn yr Aifft. Ptolemy sy'n cyfeirio at y Gangani fel llwyth yn byw ger yr Afon Shannon yn ne orllewin Iwerddon. Yn ei gyhoeddiad *Geography* mae hefyd yn cyfeirio at Benrhyn Llŷn fel Penrhyn y Gangani.

Wrth ystyried ysgrifau Ptolemy a haneswyr eraill fel Tacitus o'r cyfnod Rhufeinig mae Burnham a Davies (2010, tt.21-22) yn cydnabod y posibilrwydd fod yr enw Gangani wedi ei drawsblanu o'r Iwerddon i Lŷn mewn camgymeriad. Posibilrwydd arall yw bod y Gangani yn rhyw fath o is-lwyth i'r Ordoficiaid, sef y llwyth rydym yn ei gysylltu gan amlaf â gogledd-orllewin Cymru.

Yn Oes y Seintiau neu'r Oesoedd Canol Cynnar, sef y cyfnod hwnnw sy'n dilyn y Rhufeiniad, mae cerrig beddau Cristnogol cynnar wedi eu hysgrifennu yn Lladin yn nodwedd ddigon cyffredin yng ngogledd Cymru. Ychydig iawn o gerrig o'r fath sydd yn cynnwys ysgrif Ogam, sef y wyddor Wyddelig, er eu bod yn gyffredin iawn yn Sir Benfro. Yr unig enghraifft amlwg yng Ngwynedd yw Carreg Icorix ar fferm Llystyn Gwyn ger Bryncir, felly hyd yn oed yn y cyfnod ôl-Rufeinig, prin iawn yw'r dystiolaeth archaeolegol o fewnfudwyr Gwyddelig yn dod draw i Wynedd.

Heddiw, mae modd gweld enghreifftiau o gytiau crynion wedi eu hailgodi yng Nghanolfan Felin Uchaf, Rhoshirwaun, Melin Llynnon, Llanddeusant, Môn, y pentref Celtaidd yn Sain Ffagan a Chastell Henllys, Sir Benfro.

Cytiau Crynion Tŷ Mawr, Caergybi

Efallai mai cytiau crynion Tŷ Mawr ar Ynys Cybi yw'r cytiau yn y cyflwr gorau yng ngogledd Cymru a'r rhai sydd wirioneddol werth ymweld â nhw, ac yn yr achos yma mae'n daith gerdded hawdd iawn hyd yn oed i rai sy'n cael trafferth cerdded yn bell. Yn sgil gwaith cloddio gofalus W. O. Stanley o 1862 ymlaen mae waliau'r cytiau yma wedi eu hadfer a'u cadw ac mae llwybrau taclus yn eich arwain o un cwt crwn i'r llall.

Yn ôl y sôn roedd hyd at 50 cwt crwn yma'n wreiddiol ond hyd yn oed yng nghyfnod Stanley mae sôn fod rhai o'r cytiau wedi cael eu chwalu drwy'r broses o glirio tir neu ailddefnyddio cerrig ar gyfer adeiladu, ac erbyn arolwg y Comisiwn Brenhinol yn 1937 dim ond tua 20 cwt oedd wedi goroesi. Daeth y safle dan ofal yr H. M. Office of Works yn 1911 gyda'r bwriad o sicrhau na fyddai difrod pellach i'r safle.

Yr hyn a welir yma heddiw ar lethrau de-orllewinol Mynydd Caergybi yw tirwedd amaethyddol gyda hyd at 10 cwt crwn sylweddol a nifer o adeiladau hirsgwar yn ogystal â gweddillion ambell wal. Dydi'r cytiau ddim i gyd yn dyddio o'r un cyfnod, felly rydym yma eto yn gweld patrwm o ddefnyddio'r un tiroedd dros y canrifoedd.

Rydym bellach yn adnabod y cytiau crwn fel cartrefi'r amaethwyr yma ar ochr Mynydd Caergybi, ac mae'r adeiladau hirsgwar yn debygol o fod yn weithdai, gan i Stanley ddarganfod olion gweithio metel (*slag*) yn y cytiau hirsgwar. Mae'r defnydd o'r tir yn ymestyn dros y canrifoedd: cyn y Rhufeiniaid (Oes yr Haearn), drwy'r cyfnod Rhufeinig ac mae tystiolaeth bellach fod y tir yn cael ei ddefnyddio yn y 6ed ganrif yn ystod cyfnod Sant Cybi.

Yn sgil gwaith cloddio Stanley a chyhoeddi ei adroddiad

Cwt hirsgwar Tŷ Mawr

Cwt Crwn Tŷ Mawr

(Stanley, 1862) rhoddwyd rhifau i'r cytiau er mwyn eu hadnabod, ac felly mae'r cytiau yn cael eu disgrifio yn *RCAHM Môn* 1937. Yn un o'r cytiau (Cwt D / Rhif 4) gellir gweld hyd heddiw 'breuan', sef powlen garreg i ddal bwyd yn llawr y cwt lle byddai'r gwragedd, mae'n debyg, yn trin llysiau a gwreiddiau planhigion a'u malu'n fân ar gyfer goginio. Dyma enghraifft wych o sut y gallwn ymweld â safle heddiw a gwybod i sicrwydd ein bod mewn cegin, lle cawsai bwyd ei baratoi dros ddwy fil o flynyddoedd yn ôl.

Rydym wirioneddol yn gallu cyffwrdd â hanes pobol gyffredin o ddydd i ddydd. Canfuwyd llefydd tân yng nghanol nifer o'r cytiau yn ogystal.

Ymhlith darganfyddiadau Stanley o ran gwrthrychau roedd nifer o gerrig morthwyl, cerrig melin-law (*saddle quernstones*) a gwerthydau troellau ar gyfer gwneud gwlân, oll yn bethau y byddem yn disgwyl eu gweld mewn cartrefi amaethyddol o'r cyfnod. Yn ei gyflwyniad i'r adroddiad mae Stanley yn datgan: '*we have no reason to suppose that the inhabitants of Anglesey were such barbarians as Tacitus describes them*' – sydd ond yn cadarnhau fod y bobol yma'n byw yn hunangynhaliol, yn ffermio ac yn meddu ar y gallu i weithio metel.

Heb os roedd W. O. Stanley un un o arloeswyr archaeoleg ar

Ynys Môn, ac er iddo gyfaddef, *'we were groping in the dark',* wrth ddechrau cloddio yn Nhŷ Mawr, mae ei adroddiad yn dangos gofal wrth waith a phwyll wrth gofnodi. Un o'r pethau gwych mae Stanley wedi ei adael ar ei ôl yw ei luniau inc manwl o'r cytiau crynion.

Carmel / Cilgwyn

Dwi'n cofio fy nain yn cyfeirio at yr hen gytiau yma fel 'cytiau'r Gwyddelod'. Mae nifer i'w gweld o amgylch Carmel a Chilgwyn, Sir Gaernarfon, lle magwyd Nain, mam fy nhad. Bûm am dro efo fy nhad tra oeddwn yn sgwennu'r llyfr hwn i chwilio am gytiau ger Pen-llwyn. Arferai fy nhad a'i ffrindiau chwarae yn yr ardal hon pan oeddant yn blant, a rhaid bod olion y cytiau wedi bod yn dynfa, os nad yn safle da i chwarae a chuddio.

Erbyn heddiw mae cymaint o gerrig wedi cael eu symud, a choediach wedi tyfu dros y safle dros y blynyddoedd, fel bod dehongli'r cytiau yma bron yn amhosib. Roedd mur o gerrig yn amgylchynu tri chwt crwn, sydd efallai'n awgrymu fod yma deulu, neu deulu estynedig, yn rhannu'r darn o dir a bod y cytiau wedi eu gosod o fewn lloc neu fuarth a'r wal gerrig allanol honno o bosib yn ddigon i gadw anifeiliaid gwyllt allan yn y nos.

Cefais gryn drafferth sicrhau caniatâd i gael ymweld â'r cytiau crynion – effaith mewnfudo a drwgdybiaeth y Sais fod gan unrhyw un ddiddordeb yn y fath safle. *'It's just a pile of stones,'* meddai perchennog y tir, a rhaid oedd esbonio'n gwrtais fy mod yn ymddiddori yn y fath bethau, ac y byddwn yn cymryd gofal ac yn parchu'r amgylchedd, yn cau pob giât a pheidio dychryn yr anifeiliaid. Fe lwyddais yn y diwedd, a rhaid dweud mai anaml iawn mae tirfeddianwyr yn gwrthod rhoi caniatâd i rywun ymweld â safleoedd o'r fath (ac ar y cyfan, wrth gwrs, mae croeso i'w gael gan Gymry Cymraeg).

Wrth reswm, mae disgwyl i bawb gadw at reolau ymddygiad Cefn Gwlad, ond rargian dân, mae'n bwysig ein bod yn cael mynediad at y safleoedd hyn – dyma'n hanes a'n treftadaeth – dyma pwy ydan ni!

Cytiau'r Gwyddelod

Mae safle henebion Tŷ Mawr yn enghraifft dda a chyfleus i ymweld ag ef.

Map yr Ardal: OS Landranger 114

Tŷ Mawr, Caergybi: Cyfeirnod Map OS: SH 212820
Dilynwch y ffordd o Gaergybi am Ynys Lawd (South Stack)

Parcio: Mae maes parcio ar yr ochr chwith gyferbyn â'r arwydd at henebion Tŷ Mawr. Y llwybr yn hawdd a gwastad ar laswellt, a'r cytiau o fewn 2 funud i'r maes parcio a bwrdd dehongli ar y safle.

Tua chwarter milltir i gyfeiriad Ynys Lawd ar yr ochr chwith mae canolfan yr RSPB gyda chaffi a thoiledau.

Nodwedd oddi mewn i un o gytiau Tŷ Mawr – y bowlen paratoi bwyd

Ymwelwyr yn Nhŷ Mawr

9. Din Lligwy, Penrhos-Lligwy

Cyfnod: Oes yr Haearn / Cyfnod Rhufeinig

Mae'r safle yma yn un y gallwn ei ddisgrifio fel 'safle caerog', rhyw filltir i'r gorllewin o bentref Moelfre ar arfordir dwyreiniol Ynys Môn, a heb os dyma un o'r safleoedd mwyaf trawiadol o'r cyfnod yma. Yn wir, byddwn yn gosod her i unrhyw un ymweld â Din Lligwy a honni nad ydynt yn rhyfeddu rywfaint at y lle. Byddai'r rhan fwyaf o ymwelwyr, rwy'n amau, yn rhoi tic yn y blwch 'rhyfeddu'n fawr' (petai'r fath flwch yn bod), mor drawiadol yw'r safle a'r lleoliad.

Os yw Tre'r Ceiri (Pennod 6) yn drawiadol oherwydd ei leoliad ar yr Eifl ac am ei 150 o adeiladau, yn gytiau crynion ac adeiladau hirsgwar amlwg, mae safle Din Lligwy hefyd yn drawiadol oherwydd ei ddau gwt crwn (lle roedd pobol yn byw) a'r nifer o gytiau hirsgwar lle bu gweithdai. Does dim modd cael dau safle mor wahanol o ran eu maint ac eto mae'r ddau yn safleoedd brodorol, oedd yn cael eu defnyddio yn ystod y cyfnod Rhufeinig. Mae Tre'r Ceiri yn agosáu at fod yn dref gaerog ar gyfer poblogaeth sylweddol, a Din Lligwy yn fwy o ffermdy caerog i deulu unigol efallai?

Gorwedd Din Lligwy ar dir o galchfaen gyda golygfeydd dros draeth Lligwy. Mae'r môr o fewn cyrraedd ac mae'n bosib fod hyn yn bwysig o ran masnach, ond eto mae'r safle'n ddigon pell o'r arfordir petai unrhyw fygythiad o'r môr, ac efallai hefyd mewn man ychydig bach mwy cysgodol. Mae'n safle daearyddol tebyg iawn i'r safle o'r Oesoedd Canol Cynnar / y cyfnod Llychlynnaidd ddarganfuwyd ar fferm Glyn, Llanbedrgoch (Redknapp, 2004). Mae'r safle hwnnw'n edrych dros Draeth Coch, ond eto beth pellter o'r arfordir ei hun rhag unrhyw ymosodiadau. Mae'r ddau safle o gyfnodau gwahanol, ond o ran lleoliad ar arfordir dwyreiniol Môn a'r ffactorau o fod yn agos i'r môr o ran masnachu ac yn ddigon pell rhag unrhyw ymosodiad, mae yna debygrwydd – sydd efallai'n esbonio pam fod pobol o sawl cyfnod wedi dewis y safleoedd yma ar gyfer adeiladu.

Din Lligwy

Rydym yn derbyn felly mai cartref neu fferm gaerog yw Din Lligwy, hefo cytiau mewnol mewn cyflwr da iawn yn dyddio o'r cyfnod Rhufeinig hwyr. Darganfuwyd enghreifftiau o wrthrychau o'r cyfnod Rhufeinig yma gan Neil Baynes yn ystod ei waith cloddio o 1905 ymlaen, sy'n cynnwys llestri wedi eu mewnforio, gwydr ac ingot arian, oll yn awgrymu fod y perchennog o statws uchel.

Er ein bod yn disgrifio'r safle fel un 'Oes yr Haearn / Cyfnod Rhufeinig', yr hyn a olygir mewn gwirionedd yw bod y safle yn un brodorol, sef yn perthyn i'r brodorion lleol yn hytrach nag i'r Rhufeiniad. Mae'n bosib y bu defnydd cynharach o'r safle, ac mae awgrym yn llyfr Môn y Comisiwn Brenhinol (RCAHM,1937) fod cytiau crynion tu allan i'r muriau a all ddyddio o gyfnod cyn codi'r muriau, ond fe all hyn olygu eu bod wedi eu hadeiladu ychydig yn gynharach yn y cyfnod Rhufeinig hefyd, wrth reswm.

Does dim tystiolaeth archaeolegol bendant felly i'r safle gael ei ddefnyddio cyn dyfodiad y Rhufeiniaid yn 77-78 oed Crist, sef yn ystod y cyfnod sy'n draddodiadol yn cael ei ddisgrifio fel Oes yr Haearn. Gall datblygiad safleoedd fel hyn ddilyn patrwm o gytiau ar safle agored sydd yn ddiweddarach yn cael eu hamgylchu gan glawdd neu fur – mae hyn yn sicr wedi ei brofi

Cwt Crwn

Ymweld â Din Lligwy

gan Leslie Alcock wrth astudio safle Castell Odo ger Aberdaron, ond mae Castell Odo yn perthyn i gyfnod yr Oes Efydd Hwyr neu ddechrau Oes yr Haearn, rai canrifoedd cyn i'r Rhufeiniaid gyrraedd Din Lligwy.

Mae dylanwadau Rhufeinig sicr i'w gweld yn yr adeiladau hirsgwar. Yn gyffredinol iawn mae'r Rhufeiniaid yn adeiladu ar linellau syth a'r brodorion yn tueddu i fyw mewn cytiau crynion – dyna'r rheol fwyaf syml i'w dilyn, ac mae'n debyg mai'r disgrifiad gorau o Din Lligwy yw 'fersiwn brodorol o fila Rufeinig' – sef cartref i dirfeddiannwr, rhywun ag iddo statws, cyfoeth a dylanwad. Mae'n 'fwy fel plasty na fferm gaerog' yn ôl adroddiad y Comisiwn Brenhinol (Môn, RCAHM1937).

Dydi Din Lligwy ddim yn arferol neu'n gyffredin o ran cynllun, sydd efallai yn awgrymu bod elfen o adeiladu cofadeiladol yma, sef bod yr adeiladwaith yn ddatganiad o statws a phwysigrwydd ac yn fwy soffistigedig na'r arfer. Mae digonedd o gytiau crynion (cytiau'r Gwyddelod) ar Ynys Môn – rhai o fewn llociau neu furiau fel yn Aberffraw a Phenmon, yn amlwg yn awgrymu cymuned neu deulu estynedig yn byw yn yr un lle. Ond ar y llaw arall, mae enghreifftiau fel cytiau a waliau caeau Tŷ Mawr, Caergybi, yn awgrymu fod cymuned amaethyddol wedi byw ar lethrau Mynydd Caergybi. Yn sicr, bu defnydd o ardal Tŷ

Mawr dros sawl canrif, ond does dim awgrym o fur yn amgylchynu'r cytiau fel sydd i'w weld yma yn Din Lligwy.

Y safle tebycaf i Din Lligwy efallai, o ran statws, yw Caer Leb ger Brynsiencyn sydd unwaith eto'n ffyrm gaerog o'r cyfnod Rhufeinig ac yn debygol o fod yn frodorol, ond gyda chlawdd a ffos o ddŵr o amgylch y safle yn hytrach na muriau o galchfaen. Yn ôl Baynes (1930) mae llestri pridd tebyg o'r cyfnod Rhufeinig wedi eu darganfod yng Nghaer Leb a Din Lligwy, sy'n awgrymu defnydd yn ystod yr un cyfnod.

Yn aml, caiff Din Lligwy ei ddisgrifio fel 'grŵp o gytiau caerog' ond mae'r archaeolegydd Frances Lynch wedi disgrifio Din Lligwy fel 'tŷ gwledig heb fod yn rhy grand'. Mewn gwirionedd, fel yr awgrymais yn barod, mae'n debycach i fersiwn brodorol o fila Rufeinig, yn dŷ gwledig a oedd yn perthyn i bennaeth lleol efallai, ffermwr-dirfeddiannwr – fersiwn cynnar o sgweier gwlad heddiw, a fyddai'n byw yma ac yn rheoli ei ystad a'r tir amaethyddol sydd o'i gwmpas.

Wrth ymweld â Din Lligwy mae'n ddigon hawdd gwahaniaethu rhwng y ddau gwt crwn (lle roedd y bobol yn byw) a'r adeiladau hirsgwar (lle mae gwaith cloddio Baynes wedi dangos y byddent yn gweithio haearn neu yn cadw anifeiliaid). Gellir tybio mai'r crandiaf o'r ddau gwt crwn oedd tŷ'r pennaeth.

Mae un nodwedd ddiddorol i'r safle hwn – er bod dylanwadau Rhufeinig clir i'w gweld yn yr adeiladau hirsgwar, mae'n ymddangos fod y pennaeth wedi cadw at y traddodiad brodorol o fyw mewn tŷ crwn. Efallai nad oedd ein hynafiaid eisiau ymddangos yn rhy Rufeinig wedi'r cyfan, er eu bod yn mwynhau rhai o'r manteision!

Mae yma ddau gwt crwn a sawl adeilad hirsgwar (o leiaf 7) o fewn y muriau sylweddol o gerrig calchfaen. Edrycha cynllun y safle fel pentagon amherffaith gydag adeiladau ar hyd ochrau mewnol y mur – ac allwn ni ddim ond dychmygu pam mor drawiadol fyddai'r safle yma wedi ymddangos yn ei ddydd gyda thoeau gwellt ar y cytiau uwchben y muriau calchfaen.

Mae'r safle'n mesur 160 troedfedd ar draws a 190 troedfedd ar ei hyd. Saif y muriau i uchder o rai troedfeddi o hyd, ac mae dau

Capel Lligwy

wyneb i'r mur gyda cherrig llanw rhwng yr wynebau mewnol ac allanol. Hefyd, mae'n bwysig pwysleisio nad bryngaer neu gaer yw safle fel hwn: oes, mae muriau o amgylch y safle ond nid yw'n safle sydd wedi ei amddiffyn yn gryf mewn unrhyw ystyr milwrol.

Efallai mai'r blociau anferth o feini calchfaen gwyn sy'n gwneud y safle hwn yn drawiadol, hyd yn oed i'r ymwelydd mwyaf di-hid. Mae i'r lle awyrgylch hynafol. Mae'n safle gydag ymdeimlad o'r gorffennol a chysylltiad gyda'r 'hen bobol', sef ein cyndeidiau hynafol a'r hen ffyrdd. Byddaf yn dweud yn aml fod y safle yn teimlo'n hŷn nag ydi o go iawn, fel petai yn perthyn i'r cyfnod cynhanesyddol go iawn yn hytrach na'r cyfnod Rhufeinig. Efallai mai'r ffaith ein bod ar dir ychydig yn uwch yma, ar lwyfandir calchfaen wedi ei amgylchynu gan goed, sy'n gyfrifol am greu'r fath awyrgylch – mae'n teimlo bron fel petaem wedi crwydro i mewn i un o goedlannau cysegredig y Derwyddon. Ond gwell peidio dechrau drysu pethau yma – go brin y gallwn fyth *brofi* cysylltiad Derwyddon ag unrhyw goedlan, ond tydi hynny ddim yn rhwystro rhywun rhag dychmygu!

Mewn gwirionedd roedd y Derwyddon wedi hen fynd, wedi eu lladd gan Suetonius Paulinus yn ystod ei ymosodiad ar Fôn yn 60-61 oed Crist. Lle bynnag oedd y Derwyddon ar Ynys Môn, chawn ni byth wybod, a does *dim* yn sicr yn eu cysylltu â Din Lligwy. Mae'n amhosibl cloddio coedlan. Ni fyddai modd darganfod unrhyw olion i ddynodi safle o'r fath ac ni fyddai'r Derwyddon wedi adeiladu yno.

Trywydd arall anodd ei brofi, byddwn yn tybio, yw'r un a gynigiwyd gan RCAHM Môn, 1937, fod hwn yn gartref i bennaeth o dras Gwyddelig. Yr awgrym yw bod hen garreg fedd yn Eglwys Penrhos-Lligwy yn cyfeirio at lwyth y Deccheti. Dyddiad y garreg yw oddeutu 550 oed Crist, felly roedd Din Lligwy yn dal i fodoli gryn dipyn cyn y garreg fedd yma. Oedd Din Lligwy yn dal i gael ei ddefnyddio, neu hyd yn oed yn bodoli, erbyn 550? Does dim tystiolaeth i awgrymu na phrofi hyn.

Din Lligwy

Yn sicr, mae'r ardal ei hun yn teimlo'n llawer yn hŷn na'r adeiladwaith caerog, efallai oherwydd bod cofadail Neolithig gerllaw (Siambr Gladdu Lligwy) sy'n dyddio o'r 4ydd mileniwm cyn Crist. Heb os, byddai amaethwyr cynnar y cyfnod Neolithig wedi sylwi ar y codiad tir yn

Un o'r adeiladau hirsgwar

ardal Din Lligwy fel safle amlwg i adeiladwyr y siambr ei ddefnyddio. Darganfuwyd darnau o gallestr yn dyddio o'r cyfnod Neolithig yn Din Lligwy (Baynes 1930 / Lynch 1995).

Mae olion gwrthrychau o'r fath yn awgrymu preswylio neu ddefnydd o'r safle yn ystod y cyfnod Neolithig, neu o leiaf fod dyn o gwmpas yn y cyfnod hwnnw. Mae beddrod garreg Lligwy i'w gweld hyd heddiw, ond does dim olion o'r tai pren y byddai'r bobol Neolithig yn byw ynddynt wedi eu darganfod yma hyd yn hyn. Cafwyd hyd i olion tyllau pyst ar gyfer tŷ Neolithig wrth i Ymddiriedolaeth Archaeolegol Gwynedd gloddio ym Mharc Cybi ger Caergybi, felly rydym yn gwybod y bu tai Neolithig ar yr Ynys – dod o hyd iddynt yw'r her.

Eto, mae angen pwysleisio nad oes unrhyw gysylltiad rhwng

Cromlech Lligwy a Din Lligwy. Efallai fod trigolion Din Lligwy yn ymwybodol o'r gromlech (ond nid o reidrwydd o'i phwrpas), ond gall fod cymaint â 3,000 o flynyddoedd rhwng codi'r ddau adeilad.

Un o waliau'r cytiau hirsgwar

Yn wir, mae darganfod darnau o gallestr yn beth digon cyffredin yn ystod cloddio archaeolegol ar safleoedd o unrhyw gyfnod – yn aml mae offer callestr yn cael ei ddarganfod allan o'i gyd-destun neu o dan haenau preswylio mwy diweddar, sydd unwaith yn rhagor yn profi fod dyn wedi bod o gwmpas y lle yn y cyfnod Neolithig. Felly, ni ellir diystyru'r defnydd o'r safle hwn yn ystod y cyfnod Neolithig chwaith.

Gwaith Cloddio Baynes

Dangosodd gwaith cloddio gan Edward Neil Baynes yn 1905-08 dystiolaeth o breswylio yma oedd yn dyddio'n ôl i'r 3ydd neu'r 4ydd ganrif oed Crist. Efallai mai'r gwrthrychau pwysicaf a ddarganfuwyd o ran cynnig dyddiad i'r safle yw darnau o arian. Mae un darn yn dyddio oddeutu 270-300 oed Crist ac yn cael ei ddisgrifio fel copi o ddarn arian Rhufeinig, ond mae hefyd ddarnau arian yn perthyn i gyfnodau Cystennin / Constantine I a II a Constantiws II sy'n awgrymu cyfnod 306-361 oed Crist.

Mae arian yn gallu bod o gwmpas am rai blynyddoedd, wrth reswm, cyn cael eu colli ond o leiaf mae yma ddyddiad bras. Un tebygrwydd sy'n cael ei grybwyll gan Baynes yw bod trigolion Môn yn masnachu gyda'r Rhufeiniad yn Segontium. Wrth gyhoeddi ei adroddiad yn 1930 doedd ddim modd i Baynes ragweld y darganfyddiad yn 2010 o safle masnachu cyfnod Rhufeinig ger Tai Cochion, Brynsiencyn, gan Ymddiriedolaeth Archaeolegol Gwynedd (GAT).

Mae gwaith cloddio diweddar GAT yn Nhai Cochion, safle

cyfnod Rhufeinig sydd heb ei amddiffyn o'r 2il ganrif oed Crist ymlaen, yn arwyddocaol gan ei fod yn awgrymu cyfnod o sefydlogrwydd economaidd a gwleidyddol. Felly mae Din Lligwy a Chaer Leb yn sicr yn cydymffurfio â'r patrwm yma o'r brodorion yn cael eu 'Rhufeinio' i raddau – yn sicr o ran masnach a'r economi.

Bu i'r Rhufeiniaid gwblhau'r gwaith o oresgyn y llwythi lleol yn weddol sydyn felly ar ôl 77/78 oed Crist, ac yn y canrifoedd dilynol ymddengys fod rhai o'r brodorion wedi ei gwneud hi'n dda o dan y drefn newydd, o ystyried statws lleoliadau fel Din Lligwy a Chaer Leb.

Din Lligwy

Hyd y daith: 10 munud

Map yr ardal: OS Landranger 114
Din Lligwy: Cyfeirnod Map OS: SH 497861

Parciwch ar ochr y ffordd ger y fynedfa i Din Lligwy.

Bydd angen i chi adael yr A5025 ger cylchfan Moelfre a dilyn yr arwyddion am Din Lligwy. Mae lle i barcio 0.6 milltir o'r gylchfan – ar y chwith ar ôl mynd heibio Cromlech Lligwy.

Mae gwaith cerdded cymedrol ar draws dau gae, wedyn bydd angen dilyn y llwybr trwy'r coed (mae hwn yn llithrig mewn tywydd gwlyb).

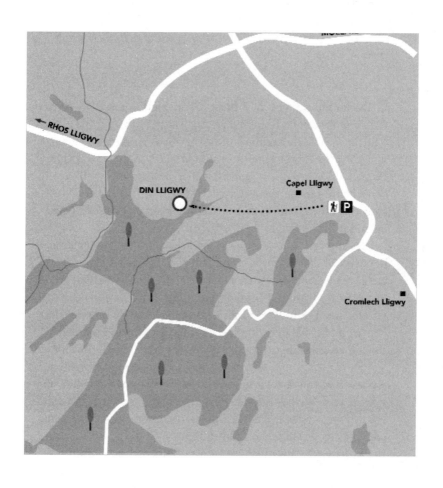

10. Dinas Emrys

Cyfnod: Oes yr Haearn / Rhufeinig, 5ed ganrif a 12fed ganrif

Wrth deithio ar hyd yr A498 o Feddgelert i gyfeiriad Nant Gwynant mae safle Dinas Emrys i'w weld ar ochr y dyffryn, yn dalp mawr o graig, yn safle amlwg ar gyfer amddiffynfa. O'r copa mae golygfeydd dros Lyn Dinas ac afon Glaslyn ar lawr y dyffryn. Dyma i chi le gydag awyrgylch hynafol, a lle gyda chysylltiadau chwedlonol gan mai Dinas Emrys yw'r safle sy'n cael ei gysylltu â stori Gwrtheyrn yn ffoi rhag y Sacsoniaid ac yn cyrraedd yma i ogledd-orllewin Cymru yn y 5ed ganrif.

Gwrtheyrn, neu Vortigern yn Saesneg, oedd y cymeriad hanesyddol (ac rydym yn credu ei fod yn gymeriad hanesyddol go iawn) a oedd yn gyfrifol am wahodd Hengist a Horsa, y Sacsoniaid, drosodd i Brydain i amddiffyn y Prydeinwyr rhag ymosodiadau gan y Pictiaid a'r Sgotiaid o'r Alban a'r Hen Ogledd. Ond cafodd Gwrtheyrn ei fradychu gan y Sacsoniad, a gorfu iddo ffoi am y gorllewin.

Yn ôl y stori, mae Gwrtheyrn yn cyrraedd Nant Gwynant ac yn dewis y graig a elwir heddiw yn Dinas Emrys fel lleoliad ar gyfer ei gaer. Wrth geisio ei hadeiladu mae'r muriau'n disgyn bob nos, a dyma wreiddyn chwedl Emrys (neu Ambrosius) a'r dreigiau coch a gwyn yn ymladd o dan y ddaear.

Yr hyn sy'n rhyfeddol am Ddinas Emrys yw bod y pwll dŵr sy'n cael ei gysylltu â Myrddin a'r dreigiau i'w weld ar y safle hyd heddiw fel darn gwlyb o dir ychydig i'r de o'r tŵr canoloesol. Dyma'r man sy'n cyd-fynd â'r chwedl am y dreigiau yn ymladd o dan y tir neu yn y pwll, a dyma'r rheswm na allai Gwrtheyrn godi ei dŵr – roedd y muriau'n disgyn yn nosweithiol oherwydd ymladd y dreigiau.

Yn ôl y stori, awgrymwyd i Gwrtheyrn gan ddynion doeth fod angen aberthu mab heb dad yma, a gwasgaru ei waed dros y muriau. Yr hogyn yma oedd Ambrosius, neu Emrys, a eglurodd

Cerdded ar hyd muriau Dinas Emrys

iddynt nad oedd diben ei aberthu – rhaid oedd mynd at wraidd y broblem a chael gwared â'r dreigiau. Mae hon yn stori wych, ac mae rhywun yn teimlo, yn y sefyllfa honno, fod Emrys wedi penderfynu dweud unrhyw beth o gwbwl yn reit sydyn cyn iddo gael ei aberthu!

Mae'r dreigiau'n cynrychioli'r frwydr rhwng y Cymry (y Ddraig Goch) a'r Sacsoniaid (y Ddraig Wen) felly mae'r chwedl yn cyd-fynd â'r frwydr a'r gwrthdaro go iawn yn ystod cyfnod Gwrtheyrn. Dyma pam mae modd awgrymu fod Dinas Emrys yn un o'r safleoedd pwysicaf yn hanes Cymru, yn fwy oherwydd beth mae'r lle yn ei gynrychioli yn hytrach na beth sy'n ffeithiol a hanesyddol gywir.

Hawdd yw deall pam y bu i Gwrtheyrn, ac yn wir drigolion y cyfnod Rhufeinig a chyfnod tywysogion Gwynedd, ddewis y darn yma o graig – mae'n safle gwych ar gyfer bryngaer neu gastell gyda chlogwyni serth o'i amgylch, a'r safle yn codi o dir gwastad Nant Gwynant. Heb os, dyma un o'r safleoedd mwyaf trawiadol yng ngogledd-orllewin Cymru o ran hanes a chwedloniaeth ond hefyd o ran awyrgylch a golygfeydd.

Erbyn hyn mae'r llwybrau tuag at y safle wedi cael eu gwella gan yr Ymddiriedolaeth Genedlaethol fel rhan o gynllun Tywysogion Gwynedd (Cadw), sy'n ei gwneud hi ychydig yn haws i gerddwyr llai cadarn eu traed gyrraedd yno, ond mae'n dal i fod yn llwybr mynydd cul i bob pwrpas. Mae'r muriau o amgylch y gaer yn parhau i fod yn fregus iawn, yn enwedig ar yr ochr orllewinol, a hoffwn bwysleisio na ddylid dringo dros y muriau.

Dyma enghraifft wych o safle amlgyfnod, a hynny, dybiwn i, oherwydd natur amddiffynnol y safle a'r ffaith fod y llecyn hwn yn rheoli mynediad drwy'r dyffryn. Daeth dyn yn ôl i'r un lle am yr un rhesymau dros y canrifoedd. Os yw'r dystiolaeth archaeolegol yn gywir, mae defnydd wedi bod o'r safle yma yn y ganrif gyntaf oed Crist, yn ystod y cyfnod Rhufeinig hwyr (3-4ydd ganrif), yn y cyfnod ôl-Rufeinig (5ed ganrif) ac wedyn yn ystod cyfnod tywysogion Gwynedd yn y 12fed ganrif.

Roedd tueddi i bobol ailfeddiannu bryngaerau tua diwedd y cyfnod Rhufeinig, efallai wrth i'r drefn Rufeinig chwalu neu efallai oherwydd bygythiadau o dros y môr. Yn sicr, gall rhywun awgrymu fod hwnnw'n gyfnod llai sefydlog, a hynny'n un rheswm dros ddychwelyd i fannau mwy amddiffynnol. Yn sicr hefyd, yng nghyfnod tywysogion Gwynedd sy'n cyrraedd eu hanterth yn y 13eg ganrif gyda Llywelyn ab Iorwerth, roedd rheoli'r dyffrynnoedd, y ffriddoedd a'r tir amaethyddol o'u hamgylch yn hollbwysig. O ganlyniad, mae'r cestyll canoloesol Cymreig, megis Dolbadarn a Dolwyddelan, yn tueddu i fod mewn lleoliadau cyflleus i reoli'r

Dinas Emrys o'r gorllewin

drafnidiaeth drwy, neu sicrhau mynediad i, ddyffrynnoedd. Er bod tebygrwydd amlwg rhwng twr hirsgwar Dinas Emrys a'r twr yn Nolwyddelan mae cryn benbleth ynglŷn â phwy yn union adeiladodd y twr yn Ninas Emrys. Mae pawb yn weddol gytûn mai Llywelyn ab

Iorwerth oedd yn gyfrifol am adeiladu Castell Dolwyddelan rywbryd yn ystod y 1220au.

Wrth gyrraedd y copa (o gerdded y grib o'r Gogledd-ddwyrain) mae modd gweld olion cwt crwn ar yr ochr dde, ond does dim modd dyddio'r cwt hwn ar hyn o bryd. Cytiau crynion oedd tai pobol o Oes yr Haearn hyd at y cyfnod ôl-Rufeinig, felly heb gloddio archaeolegol mae'n amhosib rhoi dyddiad pendant arno. Fe all y cwt hwn ar yr ochr ogleddol hefyd fod yn adeilad oedd yn amddiffyn mynedfa gefn i'r gaer ar hyd y grib ogledd-ddwyreiniol, er nad oes sail bendant i hynny – a does dim sicrwydd fod mynedfa gefn i'r safle chwaith. Mae'n ddigon hawdd damcaniaethu, ond heb gloddio archaeolegol pellach, anodd iawn yw gwneud mwy o synnwyr o'r darn yma o'r gaer.

Bu gwaith cloddio ar Ddinas Emrys gan ŵr o'r enw Major C. E. Breeze am fis cyfan yn 1910, ac yn ddiweddarach bu gwaith cloddio gan yr archaeolegydd H. N. Savory yn ystod 1954-56 ar ran Cymdeithas Hanes Sir Gaernarfon. Mae Savory yn sicr yn awgrymu fod Breeze wedi edrych ar y cwt crwn, ond does dim sôn o gwbl iddo ddarganfod unrhywbeth, a does dim sôn fod Savory wedi ailedrych ar y cwt yn y 1950au.

Doedd dim cysylltiad rhwng y ddau archaeolegwr ond mae Savory yn cyfeirio at waith Breeze yn ei adroddiad yn 1960. Yn anffodus i ni heddiw, does dim i awgrymu fod Breeze wedi cyhoeddi canlyniadau ei waith, sydd yn biti mawr. Efallai y byddai ailedrych ar ei nodiadau yn datgelu mwy o wybodaeth i ni heddiw. Mae enghraifft ddiweddar lle bu i Steve Burrow o'r Amgueddfa Genedlaethol ailedrych ar nodiadau W. J. Hemp ar ei waith ym Mryn Celli Ddu yn y 1920au, a bod hyn wedi galluogi Burrow i ddehongli gwaith Hemp gyda dealltwriaeth ddiweddar, gan ystyried yr holl ddatblygiadau yn y maes archaeoleg dros y blynyddoedd.

Doedd dim posib i archaeolegwyr y gorffennol gloddio'r holl safle – o ran adnoddau nag amser – ac erbyn heddiw, gan fod y safle'n un rhestredig digon o waith y rhoddir caniatâd i gloddio yma eto heb resymau da iawn. O ganlyniad, mae rhan helaeth o gopa Dinas Emrys heb ei gloddio ac yn annhebygol o gael ei gloddio yn y dyfodol agos, o safbwynt ariannol yn ogystal â'r ffaith fod archaeoleg o reidrwydd yn broses ddinistriol. Y syniad ar hyn o bryd yw cadw unrhyw olion archaeolegol yn saff ar gyfer y dyfodol yn hytrach na chloddio diangen, ond rhaid cyfaddef y byddai'n hynod ddiddorol archwilio nodwedd fel y cwt crwn i geisio rhoi dyddiad arno a phennu cyfnod ei ddefnydd.

Yn ôl Savory, yr unig fynedfa oedd yr un ar yr ochr orllewinol, sy'n awgrymu nad oedd mynedfa arall ar yr ochr ogledd-ddwyreiniol. Heddiw mae'r llwybr troed o'r grib yn croesi olion wal neu fur o gerrig ger y cwt crwn – fe all y rhain fod yn gerrig sydd wedi disgyn, neu fe all olygu y bu mur cyflawn yma a bod hwnnw bellach wedi erydu. Felly, efallai wir nad oedd mynedfa yma o gwbl (yn sicr doedd dim mynedfa barhaol dros gyfnod defnydd y gaer) ond wrth ymweld â'r safle a thrafod gydag archaeolegwyr eraill mae'n anodd dychmygu na fu defnydd o'r grib yma fel llwybr tuag at y gaer rywbryd yn ystod ei hanes.

Eto, heb gloddio, chawn ni ddim ateb i'r dirgelwch yma. Os yw'r llwybr yma tuag at y gaer yn un diweddar, neu o gyfnod y tywysogion hyd yn oed, yr hyn rydym yn ei weld o dan ein traed yw'r hen gylchfur sydd wedi erydu o ganlyniad i draed dyn yn camu drosto dros y canrifoedd.

Mae twr hirsgwar canoloesol Dinas Emrys yn debyg i'r hyn a geir yn Nolwyddelan yn ôl y Comisiwn Brenhinol (RCAHM 1960). Yn adroddiad y Comisiwn Brenhinol *An Inventory of the Ancient Monuments in Caernarvonshire Volume II* Central (1960) disgrifir y twr fel hyn:

The tower measures 32ft N to S by 23ft, the walls are about 4ft thick with the external face battered, of rubble masonry laid dry and jointed with clay, there is no visible entrance.

Mae'r archaeolegydd Frances Lynch (1995) wedi awgrymu'r posibilrwydd fod y twr yn perthyn i gyfnod Llywelyn ab Iorwerth, pan oedd yn adeiladu cestyll yn y 1220au, ond y gwir amdani yw nad oes neb yn siŵr pwy oedd yn gyfrifol am ei adeiladu. Ar y tu allan, gwelir yr hyn elwir yn *batter*, sef bod y muriau'n gryfach ar waelod y tŵr ac yn ymestyn allan er mwyn cryfhau'r tŵr yn amddiffynnol rhag i ymosodwyr geisio ei danseilio. Mae'r math yma o adeiladwaith hefyd i'w weld yn glir ar waelod tyrau castell Edward I ym Miwmares a hefyd ar dŵr crwn Llywelyn Fawr yng nghastell Dolbadarn.

Tŵr y castell canoloesol

Ar y tŵr yma y canolbwyntiodd Breeze yn 1910, gan glirio'r rwbel a dadorchuddio'r muriau mewnol. Diddordeb mawr Breeze oedd darganfod mwy am gyfnod Gwrtheyrn ac mae'n debyg na sylweddolodd ei fod yn cloddio tŵr o gyfnod y tywysogion. Yn adroddiad Savory yn *Archaeologica Cambrensis* 1960, mae'n sôn i Breeze ddarganfod '*a number of objects, including twelve gold-plated bronze studs and a gold-plated domed bronze bar*'.

Pam 'mod i'n teimlo mor ddrwgdybus o hyn? A lle mae'r gwrthrychau hyn erbyn heddiw? Efallai na chaf fyth wybod, gan nad oedd trefn ffurfiol bryd hynny ynglŷn â chofnodi a chadw creiriau archaeolegol.

Oherwydd gwaith Breeze ar y tŵr yn 1910 a gwaith diweddarach Savory yn y 1950au mae rhai archaeolegwyr yn awgrymu mai sbwriel a cherrig o ganlyniad i'r cloddio hwnnw yw rhan o'r hyn sy'n ymddangos fel *batter*, yn enwedig ar ochr orllewinol y tŵr. Eto, mae angen cloddio archaeolegol pellach os ydym am ddatrys y dirgelwch. Y tebygrwydd yw bod *batter* yn wir wedi ei adeiladu ar waelod y tŵr ond y bu i sbwriel o waith cloddio'r ddau uchod gyfrannu hefyd at nifer y cerrig o'i amgylch.

Os yw'r tŵr hwn yn perthyn i gyfnod Llywelyn ab Iorwerth, neu yn wir i gyfnod cynharach, mae'n brawf fod y tywysogion Cymreig wedi mabwysiadu'r dulliau Normanaidd o adeiladu cestyll. Mae hyn yn amlwg yn Nolbadarn lle mae'r tŵr wedi ei seilio ar dŵr William Marshall o'r 1190au yng Nghastell Penfro,

Llyn Dinas

neu orthyrau tebyg yn Tretower a Bronllys ar hyd y gororau. Cysylltir enwau eraill a'r tŵr yma a gwir yw dweud fod dipyn o ddadlau a thipyn o ansicrwydd ynglŷn â'i darddiad, ond gallwn fod yn gytûn fod y tŵr yn perthyn i gyfnod tywysogion Gwynedd.

Un o'r problemau mawr gyda'r ddamcaniaeth fod y tŵr wedi ei adeiladu gan Llywelyn ab Iorwerth yw awgrym Colin Gresham fod Llywelyn eisoes wedi rhoi craig Dinas Emrys a rhan helaeth o Nant Gwynant ym meddiant Abaty Aberconwy erbyn 1199, sef cyn ei gyfnod o adeiladu cestyll yn y 1220au. Awgrymir hefyd bod Llywelyn wedi dinistrio'r tŵr cyn trosglwyddo'r tir i'r Sistersiaid.

Awgrym arall yw bod y tŵr yma'n un o adeiladau cerrig cynharaf tywysogion Gwynedd. Rydym yn gwybod o ddarllen hanes Gerallt Gymro yn teithio drwy Gymru yn y 1180au fod cestyll cerrig wedi eu hadeiladu yn Neudraeth ac ar Garn Fadryn:

> We continued our journey over the Traeth Mawr, and Traeth Bychan, that is the greater and the smaller arm of the sea, where two stone castles have newly been built; one called Deudraeth belonging to the sons of Conan, situated in Evionyth, towards the northern montains; the other named Carn Madryn, the property of the sons of Owen, built on the other side of the river, towards the sea, on the head-land Lleyn.
>
> Cambrensis, G, arg 1908.

Mae safle Castell Deudraeth ar dir Portmeirion heddiw ac olion castell Carn Madryn i'w weld ar gopa Carn Fadryn. Conan yw Cynan (marw 1174), un o feibion Owain Gwynedd, felly roedd y castell yn perthyn i'w feibion Gruffydd a / neu Maredydd os yw Gerallt yn gywir.

Yn achos Carn Fadryn mae Gerallt Gymro'n cyfeirio at feibion Owain Gwynedd (marw 1170) ac yn awgrymu ei fod, o bosib, yn perthyn i'r meibion, Rhodri neu Maelgwn.

Yr hyn sydd yn sicr yw bod y rhain ymhlith y cestyll cerrig cynharaf Cymreig, a bod hwn yn gyfnod pan oedd meibion Owain Gwynedd wrthi'n sefydlu eu grym yma yng Ngwynedd. Fe all Dinas Emrys fod yn perthyn i Gruffydd, mab Cynan, ac iddo adeiladu'r tŵr cyn ei farwolaeth yn Aberconwy tua 1200 a chyn i'w diroedd gael eu rhoi i Abaty Aberconwy.

Ym Mhennod 8 o'r *Itinerary Through Wales* (yn ystod 1188) mae Gerallt Gymro'n cyfeirio at Ddinas Emrys, ond nid yw'n sôn o gwbl am gastell na thŵr bryd hynny:

> Not far from the source of the River Conwy, at the head of the Eryri mountain, ... stands Dinas Emrys, that is, the promontory of Ambrosius, where Merlin uttered his prophecies, whilst Vortigern was seated upon the bank ...

Felly, os nad yw Gerallt yn cyfeirio at gastell yma, mae'n bosib awgrymu fod y tŵr yn perthyn i'r cyfnod o'r 1190au ymlaen – neu, wrth gwrs, mae yna bosibilrwydd na ymwelodd Gerallt â'r safle erioed, neu nad oedd yr holl ffeithiau ganddo! Teithiodd Gerallt drwy Gymru yn ystod 1188 gyda'r Archesgob Caergaint, Baldwin; yn bennaf i ddenu milwyr ar gyfer y trydydd Crwsâd.

Ychydig i'r de o'r tŵr canoloesol mae'r pwll dŵr y soniais amdano ynghynt. Ymddengys fod dŵr yn codi'n naturiol yn y safle hwn ond mae'n bur debyg fod cafn neu seston (*cistern*) wedi ei greu yma hefyd gan ddyn i wella'r cyflenwad dŵr drwy adeiladu wal o amgylch y pwll. Y tebygrwydd yw bod y 'tanc dŵr' yn dyddio o'r un cyfnod a'r tŵr canoloesol. Dyma'r pwll dŵr sy'n gysylltiedig â chwedl Emrys a'r dreigiau yn ymladd.

O amgylch y pwll gwelir olion gwaith cloddio Breeze o 1910 a Savory o 1954-56 – mae eu ffosydd a'u twmpathau yn parhau yn amlwg o dan y pridd. Yn ogystal, rhwng y pwll a'r tŵr, mae olion corlan ddefaid mwy diweddar i'w gweld.

Os yw'r adroddiadau ynglŷn â'r gwaith cloddio yma yn 1910

Dinas Emrys

gan Major C. E. Breeze yn gywir, daethpwyd o hyd i dri chylch genfa (*terrets*), sef rhan o awenau ceffyl wedi eu gwneud o efydd, ychydig i'r gogledd o'r pwll dŵr, yn dyddio o'r ganrif gyntaf oed Crist: '*The terret, or rein ring is a distinctive Iron Age object found only in Britain*'. Canfuwyd gwrthrychau eraill hefyd, ond mae'r rhain bellach wedi mynd ar goll. Arwyddocâd hyn felly, os yn gywir, yw y bu defnydd o'r safle yn y ganrif gyntaf oed Crist. Mae llun o ddau gylch genfa i'w gweld yn adroddiad Savory yn *Archaeologica Cambrensis CIX*, 1960. Mae ei adroddiad yn ddiddorol er ei fod braidd yn anodd ei ddehongli, ac yn sicr byddem yn elwa o ailasesiad trylwyr o waith Savory – dyna i chi brosiect difyr i fyfyriwr ôl-radd, efallai?

Hefyd yn yr ardal o amgylch y pwll darganfu Savory ddarnau o lestri pridd sydd o gyfnod Rhufeinig hwyr neu ôl-Rufeinig; yn eu plith mae llestri pridd fel *amphorae* a darnau o slag sy'n awgrymu bod dyn wedi trin haearn yma. Darganfyddiad arall o bwys mawr yw'r darn o waelod llestr pridd gyda'r symbol *Chi-Rho* (sef dwy lythyren gyntaf enw Crist yn y wyddor Roegaidd) arno, gwrthrych o'r cyfnod Cristnogol cynnar. Dengys y darnau o *amphorae* fod olew a gwin yn cael eu mewnforio o Fôr y Canoldir yn y 5ed ganrif, awgrym fod dipyn o statws a chyfoeth gan bwy bynnag oedd yn byw yma bryd hynny.

Rydym yn sôn felly, yn y cyfnod ôl-Rufeinig, am gartref caerog, neu *citadel* efallai, i bennaeth llwyth lleol oedd yn berchen ar dir yn Nant Gwynant. Er hyn, mae awgrym arall fod y darnau o'r *amphorae* o'r un llestr, felly does dim sicrwydd fod y mewnforio gwin yn rhywbeth rheolaidd felly! Dyma i chi un o anawsterau archaeoleg –ceisio dehongli'r gorffennol gyda chyn lleied o dystiolaeth go iawn.

Gellir gweld tystiolaeth bellach o'r symbol *Chi-Rho* ar garreg fedd Carausius sydd bellach yn Eglwys St Tudclud, Penmachno, sy'n awgrymu fod pobol yn y rhan yma o'r byd yn ymdrechu'n galed i gadw cysylltiad â'r drefn Gristnogol yn ystod cyfnod cythryblus y 5-6ed ganrif.

Ar ochr orllewinol safle Dinas Emrys, sef ochr Beddgelert i'r gaer, mae'r muriau cerrig yn perthyn i'r cyfnod ôl-Rufeinig. Awgrymir bod y muriau hyn o wneuthuriad neu waith adeiladu sâl o'u cymharu â muriau Oes yr Haearn. Mae'r ffaith nad yw'r muriau ond yn rhedeg rhwng y clogwyni, yn hytrach na gwneud cylch cyfan o'r safle, yn nodweddiadol o waith adeiladu o'r cyfnod ôl-Rufeinig. Bu Savory yn cloddio yma hefyd ac mae olion ei dyllau yn dal i'w gweld wrth ochr y cylchfur.

Yn ôl Savory, yma ar yr ochr orllewinol roedd y brif fynedfa a'r unig ffordd i mewn i'r gaer, a bod dwy fynedfa arall a chysylltfur i'w hamddiffyn yn is i lawr y bryn. Mae'r fynedfa i'w gweld yn glir gyda thro sylweddol, sy'n gorfodi unrhyw ymosodwyr i ddod mewn i le cul os am geisio cael mynediad i'r gaer.

Yn sicr, mae Savory yn llygad ei le o safbwynt y brif fynedfa yma, a bod amddiffynfeydd ychwanegol yn is ar ochr y bryn, ond mae rhywun yn dal i bendroni a fu defnydd o'r grib o'r gogledd-ddwyrain tuag at y gaer ar unrhyw adeg.

Nennius, oedd yn ysgrifennu yn y 9fed ganrif, sydd wedi trosglwyddo hanes Gwrtheyrn i ni heddiw, ac wrth reswm, gan fod Nennius yn ysgrifennu rai canrifoedd ar ôl y digwyddiadau rhaid bod yn ofalus iawn faint o sail a hygrededd mae rhywun yn ei roi i'w stori. Ond yma yn Ninas Emrys yr hyn sy'n ddiddorol, ac yn ffaith, yw bod y gwrthrychau archaeolegol yn profi fod y gaer yn cael ei defnyddio yn ystod yr union gyfnod pan oedd Gwrtheyrn yn fyw.

Y drafodaeth fawr efallai, yma yn Ninas Emrys, yw pwy yn union oedd yn gyfrifol am adeiladu'r tŵr cerrig. Yn sicr mae'n dŵr sy'n perthyn i ddiwedd y 12fed ganrif neu ddechrau'r 13eg ganrif pan oedd tywysogion Gwynedd a disgynyddion Owain Gwynedd yn ymladd am flaenoriaeth a grym. Mae hwn yn gwestiwn ofnadwy o ddiddorol.

Yr hyn sydd heyd yn ddiddorol iawn i ni Gymry yw sylweddoli cyn lleied rydym yn ei wybod am dywysogion Gwynedd. Yn wahanol iawn i adroddiadau a chyfrifon James of St George ac Edward I wrth adeiladu'r cestyll ar ddiwedd y 13eg ganrif yn Harlech, Conwy, Caernarfon a Biwmares, does dim tystiolaeth ysgrifenedig gyfatebol ar gyfer y cestyll Cymreig. Felly, rydym yn awgrymu mai adeiladwaith Llywelyn ap Iorwerth sydd i Ddolbadarn, Dolwyddelan a Bere, er enghraifft, ond parhau mae'r ddadl ynglŷn â man geni Llywelyn ap Iorwerth, er mai'r ffefryn yw Tomen Castell yn Nolwyddelan. Hynny yw, nid yng Nghastell Dolwyddelan y ganed Llywelyn os mai ef a'i hadeiladodd!

Dinas Emrys

Hyd y daith: tua 45 munud i awr o gerdded bob ffordd.

Map yr ardal: OS Landranger 115
Dinas Emrys: Cyfeirnod Map OS: SH 606492

Man Cychwyn: Neuadd Craflwyn (yr Ymddiriedolaeth Genedlaethol)
Parciwch ym maes parcio Craflwyn. Mae'r Ymddiriedolaeth Genedlaethol yn gofyn am gyfraniad mewn blwch talu gan bawb sy'n defnyddio'r maes parcio.

Graddfa: Dringo gweddol serth am ¾ awr i awr ar hyd llwybrau cul y mynydd. Mae angen esgidiau cerdded a bod yn abl i gerdded llwybr mynydd. Mae'r llwybr yn anwastad a charegog ar adegau, a gall hefyd fod yn wlyb a llithrig.

Mi welwch fod y llwybrau wedi eu marcio 'Dinas Emrys' gan yr Ymddiriedolaeth Genedlaethol.

Ewch allan o'r maes parcio a throi i'r chwith i gyfeiriad y neuadd a chadw ar ochr chwith y neuadd, heibio'r swyddfa eiddo (rhwng y neuadd a'r bythynnod gwyliau / bocs ffôn) a throi i'r chwith ar ôl Bwthyn Mai i fyny'r llwybr troed trwy'r giât.

Dringwch am ychydig a chadw i'r dde, i gyfeiriad y gogledd-ddwyrain, a dilyn arwyddion Dinas Emrys dros bont droed a thros y gamfa ac i lawr wedyn at y rhaeadr a'r bont garreg. Cadwch at y wal ac ewch heibio murddyn Beudy Maes yr Efail ar y dde (Cyfeirnod Map OS: SH 605493) – gan gofio dal i gerdded tuag at y gogledd-ddwyrain fel petai rhywun yn cerdded i gyfeiriad Llwybr Watkin.

Cadwch at ochr y wal (ar yr ochr dde) cyn croesi camfa, a dringo drwy'r coed at y grib i fyny at Ddinas Emrys. Bydd rhywun yn troi i fyny'r grib ac yn cerdded yn ôl am y de-orllewin. Mae'r grib yn dechrau go iawn ar ôl mynd trwy'r hollt yn y graig a throi i fyny i'r dde.

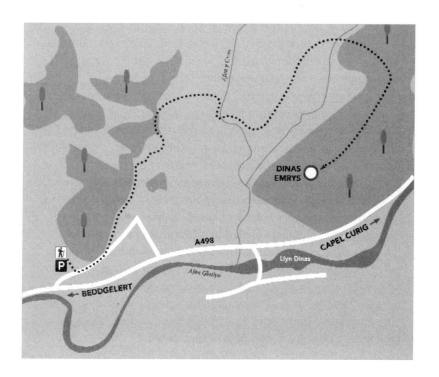

11. Tomen y Mur

Cyfnod: Rhufeinig a Normanaidd

Ym mhlwyf Maentwrog a rhyw ddwy filltir i'r gogledd o bentref Trawsfynydd mae Tomen y Mur. Mae'r enw yn ei hun yn dyst i'r ffaith fod tomen, neu gastell mwnt a beili Normanaidd, wedi ei osod ar ben muriau caer Rufeinig; a bod y gaer Rufeinig felly wedi ffurfio buarth (beili) cyfleus i'r Normaniaid. Mae'r nodwedd yma, yn sicr y mwnt Normanaidd, i'w weld yn glir o'r A470 wrth i rywun deithio am y gogledd heibio Trawsfynydd.

Ceir golygfeydd hyfryd o Domen y Mur – y nodwedd amlycaf ar y dirwedd yw campwaith pensaernïol Sir Basil Spence, sef Atomfa Trawsfynydd. I'r de-orllewin dros lyn Trawsfynydd rydym yn edrych tuag at Rhinog Fawr, Rhinog Fach a'r ucheldir uwchben Harlech, tirwedd hynafol sy'n frith o henebion ac olion dyn. Er mai adeilad cymharol ddiweddar yw Atomfa Trawsfynydd (dechreuodd gynhyrchu trydan yn 1965) mae'n nodwedd rwyf yn gyfarwydd ag ef ers fy mhlentyndod, ac mae mymryn o bryder ynglŷn â'r cynlluniau i dirweddu safle'r atomfa yn y dyfodol.

Bydd y 'castell concrit' yn diflannu, er gwaetha'r faith ei fod yn nodwedd bensaernïol o bwys, gan yr un gŵr ag a oedd yn gyfrifol am adeiladu Cadeirlan Coventry. Wrth sgwennu'r llyfr yma rwyf yn ymwybodol nad oes unrhyw obaith o achub campwaith concrit Spence. Bydd yn rhaid bodloni ar atgofion, lluniau a ffilm – a does dim prinder o'r rheiny.

Credir mai Tomen y Mur yw'r 'Mur y Castell' a oedd yn gartref i Lleu a Blodeuwedd ym Mhedwaredd Gainc y Mabinogi. Does ryfedd felly i Gwmni Theatr Genedlaethol Cymru ddewis y safle i berfformio drama Saunders Lewis, *Blodeuwedd*, yn yr awyr agored yn 2013 – enghraifft wych o sut y gellir defnyddio safleoedd archaeolegol fel hyn yn greadigol heddiw. Dyma ffordd ddiddorol o gadw'r safleoedd yn berthnasol ac, efallai, eu cyflwyno i gynulleidfa ac ymwelwyr newydd.

Tomen y Mur (hawlfraint y llun: Ein Treftadaeth)

Saif Tomen y Mur ar dir uchel, 275 medr uwch lefel y môr, ac roedd y lleoliad yn amlwg yn bwysig yn strategol gyda golygfeydd da dros ddyffryn Ffestiniog. Roedd y gaer ar gyffordd neu fan cyfarfod rhwng y ffyrdd Rhufeinig o Segontium (Caernarfon), Pen Llystyn (Bryncir) a Chaerhun (Dyffryn Conwy), Bryn y Gefeiliau (Capel Curig) a Brithdir a Chaer Gai (Llanuwchllyn). Does dim afon fawr amlwg yn agos i'r safle, felly mae'n debyg mai oherwydd yr elfen ddaearyddol strategol hon y dewisodd y Rhufeiniad y lleoliad yma i adeiladu caer.

Yn ôl nifer o hen erthyglau, yr enw Rhufeinig ar y safle oedd *Heriri Mons* neu *Mons Heriri*, ond ymddengys fod hyn yn hollol ddi-sail gan mai ffynhonnell yr erthyglau yw ffuglen gan awdur o'r enw Charles Bertram o 1747, a oedd yn honni bod yn ddogfen wreiddiol gan Rhisiart o Cirencester o'r 14eg ganrif yn adrodd hanes y Rhufeiniaid ym Mhrydain. Datgelwyd mai ffug oedd gwaith Bertram ganrif ar ôl iddo gyhoeddi *De Situ Britanniae*, ond yn anffodus bu i'r cyfeiriadau at *Heriri Mons* barhau yn ddiweddarach mewn erthyglau.

Fel yn achos cynifer o gaerau Rhufeinig, mae dau gyfnod i'r

Y garreg yn Nhafarn y Grapes, Maentwrog

gaer yma. Roedd y cyfnod cyntaf oddeutu 77/78 oed Crist pan adeiladwyd caer o bren a phridd yn mesur 166 x 122 medr. Cafodd honno wedyn ei lleihau o ran maint i 128 x 122 medr a'i hailgodi mewn carreg yn yr ail gyfnod o adeiladu, tua 120 oed Crist.

Bu fy nghyn-athro ym Mhrifysgol Cymru Caerdydd, Mike Jarrett, yn cloddio yn Nhomen y Mur yn 1962. Yn ei farn ef, y tebygrwydd yw bod y gaer wreiddiol wedi cael ei sefydlu yng nghyfnod Flavian ac ymgyrchoedd Agricola (oddeutu 77–78 oed Crist), a does fawr o dystiolaeth i'r gaer gael ei defnyddio ar ôl tua 130 oed Crist yng nghyfnod Hadrian. Erbyn canol yr ail ganrif roedd yr ymgyrch filwrol yng Nghymru drosodd, a heblaw Segontium (Caernarfon) a barhaodd fel y brif gaer a'r ganolfan weinyddol yng ngogledd Cymru, ni wnaed defnydd pellach o'r rhan helaethaf o'r caerau yn y rhan yma o'r byd.

Rydym yn gwybod i sicrwydd fod y gaer yma wedi ei hailgodi mewn carreg yng nghyfnod Hadrian, oddeutu 120 oed Crist, gan fod deg o gerrig cofnodi wedi eu darganfod – cerrig yw'r rhain sy'n dynodi pa griw o filwyr a gododd pa ddarnau o'r muriau. Mae un o'r cerrig yma i'w gweld heddiw yn y wal ger drws tafarn y Grapes ym Maentwrog.

Fel rheol mae caerau Rhufeinig yn unffurf – y cynllun arferol yw siâp hirsgwar a ddisgrifir fel yr un siâp â cherdyn chware. Mae gwaith geo-ffisegol diweddar gan Ymddiriedolaeth Archaeolegol Gwynedd a Pharc Cenedlaethol Eryri wedi cadarnhau nifer o'r nodweddion mewnol – awgrymir bod rhwng 4 a 6 bloc barics yma yn ogystal â ffyrdd mewnol.

Mae un cwestiwn diddorol yn codi ynglŷn â'r adeiladau mewnol yn Nhomen y Mur. Mae'r safle yn gorwedd ar allt, felly sut yn union y cafodd adeiladau fel y barics eu hadeiladu a'u defnyddio? Yn achos y *principia*, sef yr HQ, cafodd y tir ei lefelu ar gyfer creu sylfaen i'r adeilad, ac mae'r darn gwastad o dir yn parhau yn amlwg hyd heddiw.

Y drefn arferol oedd bod y milwyr yn dod o ardal wahanol i'r un lle roeddynt yn cael eu lleoli ac yn gorfod treulio 25 mlynedd yn y fyddin cyn cael dinasyddiaeth Rufeinig. Felly nid Eidalwyr oedd y milwyr yn Nhomen y Mur ond milwyr troed cynorthwyol – o wahanol ardaloedd o Ewrop efallai? Yn y cyfnod yma, yn y ganrif gyntaf oed Crist, roedd 90% o boblogaeth yr Ymerodraeth Rufeinig yn frodorion heb ddinasyddiaeth. Drwy symud milwyr cynorthwyol fel hyn o un ardal i'r llall roedd yr Ymerodraeth Rufeinig yn ceisio gwella'r broses o 'Rufeinio' ac yn sicr byddai'n haws cadw trefn a disgyblaeth drwy osgoi cael milwyr yn gwasanaethu yn rhy agos i'w cartref. Roedd y milwyr troed cynorthwyol yn cael eu trefnu mewn grwpiau o 480-500 o'r enw *cohortes*, neu *alae* os oedden nhw'n cynnwys marchogion, ac yn wirfoddolwyr ran amlaf yn hytrach nag wedi eu gorfodi i ymuno â'r fyddin. Byddai oddeutu 80 milwr cynorthwyol i bob baric.

Mae disgrifiad doniol yn *Archaeologica Cambrensis* 1854 ar ffurf datganiad o 'ffaith':

Y garreg gofnodi ddiweddar mewn arddull Rufeinig

159

'*...it is true that it rains at Tomen y Mur for 300 days out of the 365*' a rhaid chwerthin wrth feddwl am y milwyr cynorthwyol druan oedd yn cael eu gyrru i Domen y Mur – lle digon garw o safbwynt y tywydd ar adegau – o wlad oedd efallai â hinsawdd lawer mwynach.

Doedd dim hawl ganddynt i briodi tra oeddynt yn y fyddin, ond rhaid cyfaddef fod rhywun yn amau fod y milwyr ifanc yma wedi dod i adnabod y merched lleol yn ystod eu cyfnod yng ngogledd Cymru. Yn sicr, gwelwn ddatblygiad trefol (*vicus*) tu allan i gaerau Rhufeinig Segontium, Caerhun a Thomen y Mur. Y *vicus* oedd cartref y brodorion – a mwy na thebyg lle roedden nhw'n masnachu gyda'r milwyr, ac wrth gwrs mae posibilrwydd cryf fod puteinio'n digwydd yn y cyfnod yma.

Mae tystiolaeth bosib o hyn yn fila Rufeinig Yewden, Hambleden ger St Albans yn ne Lloegr lle cafwyd hyd i gyrff 97 o fabanod yn ystod gwaith cloddio yn 1912. Bu i archaeolegwyr ailedrych ar y dystiolaeth yma yn 2010 gan gynnig y byddai puteindy yn un eglurhad am gymaint o gyrff babanod – gan awgrymu fod y mamau wedi lladd y babanod yn fwriadol. Roedd cael gwared â babanod yn digwydd yn ystod y cyfnod Rhufeinig felly, ond does neb wedi awgrymu hyn yng ngogledd Cymru hyd yma.

Mae adeiladau amaethyddol diweddarach i'w gweld ar ochr ogleddol Tomen y Mur, ac mae'r rhain yn cynnwys cerrig Rhufeinig yn eu hadeiladwaith, fel y byddai rhywun yn ei ddisgwyl. Dydi ailgylchu ddim yn beth newydd! Drws nesa i'r adeiladau fferm yma ailgrewyd wal Rufeinig yn 2007 gan Peter Crew a'r Parc Cenedlaethol, gan ddefnyddio rhai o'r cerrig gwreiddiol. Mae'r wal yma'n cynnwys cofeb adeiladu ddiweddar wedi ei cherfio yn y dull Rhufeinig.

Un o'r pethau difyr iawn am Domen y Mur fel safle, ac fel tirwedd archaeolegol, yw'r cyfoeth o nodweddion sydd i'w gweld y tu allan i'r gaer. O ganlyniad, yn Nhomen y Mur mae cyfle gweddol unigryw i archwilio a chrwydro tirwedd archaeolegol Rufeinig. Os ydych am geisio rhoi sylw i bopeth yn hamddenol, mae hon yn daith bleserus all gymryd hyd at ddwy awr i'w chwblhau.

I'r gogledd-ddwyrain, ger y maes parcio, mae amffitheatr fechan. Y tebygrwydd yw mai amffitheatr ar gyfer ymarfer arfau oedd hon – does dim cymharaieth o gwbl â'r amffitheatrau anferth sydd i'w gweld yng Nghaerfyrddin a Chaerleon. Dim ond tair amffitheatr Rufeinig sydd yng Nghymru, ac mae un ohonynt, y leiaf, yma yn Nhomen y Mur!

Mae gen i atgofion plentyn sydd wedi aros yn y cof o ymweld â'r safle yma, rhywbeth ychwanegodd heb os at fy niddordeb mawr mewn hanes ac archaeoleg. Meddyliwch amdanaf yn blentyn, yn cael chwarae mewn amffitheatr Rufeinig tra oedd fy rhieni'n mwynhau eu picnic!

Richard Fenton, awdur a theithiwr ar ddechrau'r bedwaredd ganrif ar bymtheg, a ddisgrifiodd yr amffitheatr yn Nhomen y Mur fel *'probably some place for Roman games'*. Nodwedd ddiddorol heddiw yw'r ffaith fod tramffordd o chwarel Braich Ddu (Cyfeirnod Map OS: SH 718384) yn rhedeg drwy ganol yr amffitheatr – sy'n dangos nad yw'r dirwedd yn sefyll yn llonydd. Cawn felly olion Rhufeinig, Normanaidd ac o'r Chwyldro Diwydiannol ar yr un safle yma.

Ychydig i'r dwyrain o'r amffitheatr, ar fryncyn bach, mae olion beddau Rhufeinig. Y cyfan sydd i'w weld yw olion y ffosydd bach sgwâr. Y traddodiad yn y cyfnod Rhufeinig oedd bod beddau o'r fath yn aml yn gorwedd yn agos i ffyrdd Rhufeinig. Cawn enghraifft arall o feddau i'r de-ddwyrain o'r gaer. Tybir bod y beddau yma ar gyfer milwyr oedd wedi'u lleoli yn Nhomen y Mur.

Clawdd Tomen y Mur

I'r dwyrain o'r gaer mae maes ymarfer (*parade*

Y wal sydd wedi ei hailadeiladu gan y Parc Cenedlaethol

ground) anferth, sy'n mesur 123 x 98 medr. Mae hwn eto i'w weld yn hollol glir ar y dirwedd, er ei bod yn haws ei werthfawrogi o bell, o ben y domen Normanaidd neu o'r ffordd draw am Chwarel Braich Ddu.

O adael y gaer drwy'r fynedfa dde-ddwyreiniol, sydd yn parhau mewn cyflwr gweddol, mae olion baddondy a *mansio*, sef rhyw fath o westy, un bob ochr i'r ffordd. Dadorchuddiwyd y baddondy drwy gloddio archaeolegol yn ystod y 19eg ganrif (1858 ac 1868) ac mae sôn fod y gwaith plastr yn dal i'w weld ar y waliau mewnol (er, mae'n rhaid i mi gyfaddef nad wyf wedi llwyddo i weld y plastr hyd yma).

Arweinia'r ffordd at afon fechan, Nant Tyddyn yr Ynn, lle bu pont Rufeinig ar un adeg, a thu hwnt i'r afon mae mwy o olion beddau a'r hyn a elwir yn 'wersyll martsio', sef olion cloddiau a ffosydd, mae'n debyg, wedi eu hadeiladu yn ystod ymarferiadau milwrol.

Cludwyd dŵr i'r safle o Nant Tyddyn yr Ynn, sy'n rhedeg heibio'r safle, ac o Lyn yr Oerfel, sy'n ddigon agos ar ochr y bryn, drwy ddefnyddio ffrydiau neu ddyfrffosydd (*leats*) – eto, mae'r rhain yn ddigon amlwg ar y dirwedd petai rhywun yn edrych yn fanwl a defnyddio mapiau Lynch neu Burnham.

Y Cyfnod Normanaidd

Gorweddai'r domen, neu'r mwnt, Normanaidd ar ochr uchaf y gaer Rufeinig – yr ochr ogledd-orllewinol – a hwn yw nodwedd amlycaf y dirwedd. Mae i'w weld yn amlwg, wrth gwrs, wrth deithio i gyfeiriad y gogledd hyd yr A470, ac mae clawdd, neu fur, gorllewinol ail gyfnod y gaer Rufeinig, fel y soniais ynghynt, yn gorwedd o dan y mwnt Normanaidd.

Efallai mai William Rufus oedd yn gyfrifol am y castell Normanaidd, oddeutu 1095-97, yn ystod un o'i ymgyrchoedd i mewn i Gymru. Rufus oedd mab Gwilym Goncwerwr – ac yn frawd felly i Stephen a Harri I.

Yn ôl y stori, bu i Rufus glirio coedwigoedd rhag i wŷr Gwynedd lochesu ynddynt. Bu cryn drafodaeth yn nhudalennau *Archaeologica Cambrensis* yn y 19eg ganrif a oedd y domen yn un Rufeinig, a beth oedd ei phwrpas, ond heddiw rydym yn deall fod y mwnt yn un Normanaidd, ac yn enghraifft dda o ailddefnyddio safle Rhufeinig fil o flynyddoedd yn ddiweddarach. Mae'n debygol fod y gaer Rufeinig mewn cyflwr gweddol bryd hynny a byddai Rufus yn sicr wedi defnyddio'r cerrig Rhufeinig ar gyfer adeiladu a chodi'r domen. Erbyn cyfnod Llywelyn ab Iorwerth yn y 13eg ganrif mae'n debyg fod lleoliadau fel Cricieth neu'r Bala yn bwysicach, a bod y defnydd o Domen y Mur wedi darfod rywbryd yn y cyfnod yma.

Hefyd o ddiddordeb:

Dolddinas – caeau ymarfer Rufeinig. Cyfeirnod Map OS: SH 735378

Pen y Stryd – odynau Rhufeinig. Cyfeirnod Map OS : SH 726319

Tomen y Mur

Hyd y daith: 1 awr. Cerdded cymedrol. Byddai esgidiau cerdded yn fuddiol – gall fod yn wlyb dan draed.

Map yr ardal: OS Landranger 124
Tomen y Mur: Cyfeirnod Map OS: SH 707388

Man Cychwyn: Ar yr A487 i'r de o Faentwrog heibio'r gyffordd wrth yr A470. Cymerwch yr isffordd gyntaf i'r dde dan bont y rheilffordd a pharciwch ar y dde ar ôl tua milltir.

O'r maes parcio (1) cerddwch bellter bach i fyny'r ffordd at olion yr amffitheatr (2), a adwaenir fel *ludus*, oedd yn cael ei defnyddio ar gyfer hyfforddiant arfau gan y milwyr Rhufeinig.

Ewch yn eich blaen drwy giât ac ar draws cae at lwybr. Dilynwch y llwybr tuag at dwmpath mawr, sy'n fwnt Normanaidd – sylfaen castell pren. Mae'r mwnt yn eistedd ar ben y gaer. Wrth i chi gerdded ar hyd y llwybr (y ffordd Rufeinig wreiddiol i'r gaer) rydych yn cerdded drwy ardal anheddiad sifil (3) neu *vicus* a ddatblygodd y tu allan i'r gaer. Nid yw'r tai coed, y siopau a'r gweithdai oedd yn rhes ar hyd y ffordd wedi gadael unrhyw olion gweledol.

Mae'r llwybr yn dod i ben wrth fferm adfeiliedig. Mae cytiau moch y fferm wrth ochr lleoliad porth gogledd-ddwyreiniol y gaer (4a). Ar eich ochr dde fel rydych yn wynebu'r mwnt mae darn o wal y gaer wedi ei hailadeiladu (4b).

Dilynwch farcwyr y llwybr o amgylch y mwnt gan edrych am olion cloddiau a ffosydd cyfnod cyntaf y gaer. Mae'r llwybr yn parhau drwy ganol y gaer.

Mae'r agoriad drwy'r wal yn gorwedd wrth giât de-ddwyreiniol y gaer. Dilynwch y llwybr drwy hwn a pharhau am ¾ milltir yn ôl i'r maes parcio gan fynd heibio ymyl y baddondy a'r *mansio* (5) (gwesty ar gyfer swyddogion teithiol) ac ymhellach ymlaen, ardal fawr wedi ei gwastatáu ar gyfer maes parêd (6).

(trwy garedigrwydd Ein Treftadaeth)

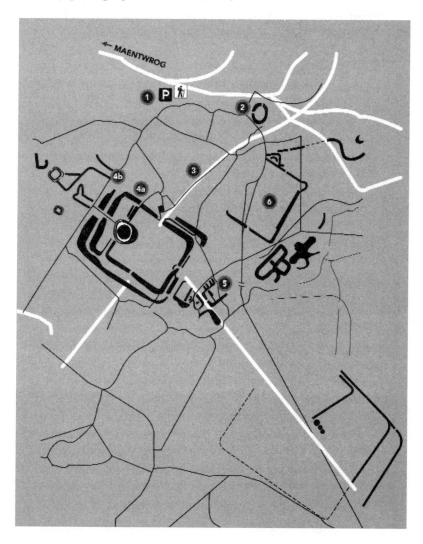

12. Olion Milwrol yr Ugeinfed Ganrif

Cyfnod : Rhyfel Byd Cyntaf (1914-18) / Ail Ryfel Byd (1939-45)

Llinell Amddiffynnol Rhif 23

Yn dilyn goresgyniad Norwy gan luoedd yr Almaen ym mis Ebrill 1940 credai'r Llywodraeth nad oedd ond ychydig wythnosau cyn y byddai'r Almaen yn ymosod ar Brydain. O ganlyniad, fe ddechreuwyd adeiladu amddiffynfeydd o fis Mehefin ymlaen gan ddechrau yn ne a dwyrain Lloegr. Parhaodd y gwaith hyd at wanwyn 1941, a'r ail ran o'r gwaith oedd sicrhau na fyddai tanciau a cherbydau arfog yr Almaenwyr yn cael rhwydd hynt i deithio ar hyd priffyrdd y wlad. Gan fod Iwerddon wedi aros yn ddiduedd yn ystod y Rhyfel roedd angen llinell amddiffyn yng ngogledd Cymru rhag i'r Almaenwyr benderfynu ymosod o'r Iwerddon.

Cyfrifoldeb yr Uwchgapten Frigadydd G. B. O. Taylor ar ran y Swyddfa Ryfel oedd yr amddiffynfeydd yma, ac fe gynlluniwyd hyd at saith math, neu deip, o flychau amddiffyn (*pillboxes*), o 'Type 22' i 'Type 28'. Teip 24 oedd y blwch chwe ochr, a'r rhain oedd y mwyaf cyffredin yn nwyrain Lloegr – ond ceir hefyd rai sgwâr a rhai crwn yn ogystal ag amrywiadau lleol. Enghreifftiau o'r amrywiadau lleol yma sydd i'w gweld yng ngogledd Cymru.

Amcangyfrifir bod hyd at 18,000 o flychau amddiffyn wedi eu hadeiladu ar hyd a lled Prydain, a bod hyn wedi arwain at brinder o goncrit erbyn Mehefin 1940. Fel rhan o'r paratoadau amddiffyn, adeiladwyd 'Llinell Amddiffynnol Rhif 23' drwy Eryri, sef llinell amddiffynnol fyddai'n rhwystro'r Almaenwyr nes y byddai milwyr wrth gefn yn cyrraedd y llinell. Rhedai Llinell 23 o Borth-y-gest ger Porthmadog drwy Feddgelert hyd at Gapel Curig, ac wedyn i gyfeiriad Bangor. Y ddau le daearyddol pwysig o ran amddiffyn ar hyd y llinell yma oedd Penygwryd a Nant Ffrancon.

Rhaid diolch i ŵr o'r enw Henry Wills, a gyhoeddodd erthygl arloesol yn 1979 ar flychau amddiffyn 1940-41 yn y cylchgrawn *Current Archaeology*, am ddod ag olion milwrol yr Ail Ryfel Byd i sylw'r cyhoedd. Cofiaf yn iawn ddarllen erthygl Wills – roeddwn yn derbyn *Current Archaeology* yn fisol, ac ar ganol astudio am fy Lefel A yn Ysgol Uwchradd Caereinion. Roedd fy mryd ar fynd i'r coleg i astudio Archaeoleg, a hyd yn oed mor gynnar â 1979 roeddwn yn gwerthfawrogi fod ffiniau'r Byd Archaeoleg yn cael eu hymestyn gan Wills. Roedd hyn yn gyffrous.

Erbyn heddiw, mae gwaith arloesol Wills wedi ei hen dderbyn, ac yn wir, mae'r diddordeb mewn olion milwrol wedi cynyddu yn sgil yr holl sylw a roddwyd, a'r digwyddiadau sydd wedi eu cynnal, i gofio canmlwyddiant dechrau'r Rhyfel Mawr (1914). Ond wrth sgwennu yng nghanol y 1970au roedd Wills yn sôn fel roedd cymaint o olion yr Ail Ryfel Byd yn cael eu dinistrio, a dyma sbardunodd ef i ddechrau cofnodi blychau amddiffyn.

Felly, hoffwn dynnu eich sylw at ambell flwch amddiffyn yma yng ngogledd Cymru, a Llinell Amddiffynnol Rhif 23 yn benodol.

Blwch Amddiffyn Borth-y-gest

(Cyfeirnod Map OS: SH 565373)

Dyma i chi leoliad! Wedi ei osod ar ben clogwyn Trwyn y Borth yn edrych dros afon Glaslyn, mae'r blwch amddiffyn yma yn rheoli'r mynediad ar hyd Traeth Bach i gyfeiriad tref Porthmadog. Fe welwch y blwch amddiffyn hwn ger Llwybr yr Arfordir, mwy neu lai gyferbyn ag Eglwys Sant Cyngar (adeiladwyd yr eglwys ym 1912).

Siâp crwn sydd i'r blwch amddiffyn, a bellach mae'r fynedfa wedi ei chau. Prin fod rhywun yn gallu gweld i mewn. Tybiaf mai cerrig lleol a ddefnyddiwyd, a bod elfen fwy 'lleol' i ffurf y blwch yma yn

Blwch Amddiffyn Borth-y-gest

hytrach na'i fod yn cydymffurfio â'r siapiau sgwâr neu amlochrog arferol.

Blwch amddiffyn traeth y Graig Ddu, wedi ei gladdu yn y tywod

Blwch Amddiffyn Traeth y Graig Ddu (*Black Rock Sands*)

Blwch amddiffyn sgwâr wedi ei gladdu bron yn llwyr o dan y tywod, ar ochr y traeth. Digon anodd yw cael hyd i'r blwch amddiffyn yma, ond mae ar ochr y twyni tywod wrth i chi gerdded i gyfeiriad Morfa Bychan.

Pedwar Blwch Amddiffyn Penygwryd

Cyfeirnodau Map OS: (SH658555) (SH 656557) (SH 660559) (SH 661557)

Gellir gweld y blwch amddiffyn cyntaf (Cyfeirnod Map OS: SH 658555) ar y chwith wrth deithio i fyny'r A498 o gyfeiriad Beddgelert. Mae modd mynd i mewn i hwn drwy dwnnel bychan,

Penygwryd

a'r tu mewn i'r blwch ceir wal frics, a adeiladwyd rhag i fwledi dasgu a tharo'r milwyr. Dyma'r blwch fyddai'n gwarchod rhag ymosodiad o gyfeiriad Nant Gwynant. Gallwch edrych i lawr Nant Gwynant drwy'r ffenestri saethu.

Blwch tebyg iawn o ran maint sydd ar ochr uchaf yr A4086 ar y ffordd am Gapel Curig (Cyfeirnod Map OS: SH 660559). Gan fod drws caeedig ar y blwch yma efallai mai storfa fwyd ydoedd. Cyfrifoldeb y Gwarchodlu Cartref oedd sicrhau fod digon o fwyd, dŵr a ffrwydron yn y blychau.

Ar ochr ddeheuol Gwesty Pen-y-Gwryd mae blwch amddiffyn (Cyfeirnod Map OS: SH 661557) yn gorwedd wrth ymyl Llyn Gwryd.

Y pedwerydd blwch (Cyfeirnod Map OS: SH 656557) yw'r un sy'n amddiffyn Bwlch Nant Peris, ac mae'r blwch wedi ei guddio o fewn tomenni pridd y chwarel garreg hogi. Disgrifir y blwch petryal yma fel Teip 26 (*Type 26*).

Blwch Amddiffyn Rhaeadr Ogwen

(Cyfeirnod Map OS: SH 647605)

O safbwynt archaeolegol mae yma safle o ddau gyfnod gwahanol gan fod y blwch amddiffyn o'r Ail Ryfel Byd wedi ei osod o fewn corlan ddefaid gynharach. Gorwedd y safle i'r ochr ogledd-orllewinol ac islaw'r A5 ar silff fach o dir, yn edrych i lawr Nant Ffrancon tua'r gogledd-orllewin. Mae'r blwch amddiffyn mewn safle ardderchog o ran edrych dros ac amddiffyn y dyffryn.

Blwch Amddiffyn Rhaeadr Ogwen

Os ydych am ymweld â'r blwch yma rhaid gallu dringo'n weddol dda gan fod llwybr serth iawn at y blwch. Gallwch gyrraedd yno drwy ddefnyddio'r ail giât fechan ar y chwith wrth gerdded i lawr yr A5 o'r

Blwch Amddiffyn Rhaeadr Ogwen gyda'r gorlan o'i flaen

maes parcio ger Canolfan Ymwelwyr Ogwen. Ar ôl dringo i lawr, bydd angen cadw i'r dde o'r graig fawr o'ch blaen a dringo i lawr eto at yr ail giât ac wedyn dilyn hynny o lwybr sydd yna at y blwch amddiffyn. Does fawr o obaith o gyrraedd y blwch amddiffyn heb orfod defnyddio'ch dwylo!

Blwch sgwâr gawn yma o garreg leol, yn mesur 6m × 4.5 medr a 2.5 medr o uchder, gyda choncrit wedi ei ychwanegu'n fewnol i gryfhau'r blwch. Mae modd mynd i mewn i hwn ac edrych allan drwy'r ffenestri. Mae dwy ffenest ar bob ochr heblaw'r ochr ogledd-orllewinol, sydd â thair ffenest. Does dim waliau mewnol rhag i fwledi dasgu, felly mae'r blwch yn ymddangos fel ystafell fechan, sgwâr.

Gellir gweld waliau isel yr hen gorlan o amgylch y blwch, ond mae wal arall yn troi i mewn at dwll drws y blwch, a thybiaf fod hwn o'r un cyfnod â'r gwaith adeiladu ar y blwch. Yn yr haf mae rhywun yn gallu gwerthfawrogi faint o *camouflage* naturiol sy'n cael ei greu gan y rhedyn. Tybiaf fod y milwyr a adeiladodd y blwch amddiffyn hwn yn ystod 1940-41 wedi gweld yr hen gorlan fel safle cyfleus ar gyfer adeiladu, ond mae'n syndod, mewn ffordd, na chwalwyd holl waliau'r hen gorlan i greu'r blwch amddiffyn. Efallai fod yr hen waliau'n cynnig mymryn o loches – ac elfen ychwanegol o guddliw hyd yn oed.

Un o'r corlannau saethu / mannau gwylio ar lethrau Nant Ffrancon

Blwch Amddiffyn Llyn Ogwen

(Cyfeirnod Map OS: SH 654604)

Un stori ddoniol i mi ei chlywed am y blwch amddiffyn hwn ar lan llyn Ogwen yw bod plant lleol yn 'mochel rhag y glaw yma yng nghanol y 1970au tra oedden nhw'n pysgota, a 'cwt Jyrmans' oedd yr enw a ddefnyddid ganddynt ar y blwch amddiffyn.

Ciwbiau gwrth danciau Nant Ffrancon (Cyfeirnod *Map OS: SH647604) Defence of Britain Project (Record Number 7464)* Saif y ciwbiau yma ger yr hen ffordd drwy Nant Ffrancon, a gerllaw ceir dau o lwyfannau tanio mortar sbigod (*spigot mortar*, sef arf arbennig sy'n saethu taflegrau) ac un lloches ar gyfer milwyr troed. Mae'r safleoedd yma yn Nant Ffrancon wedi eu gwarchod fel henebion.

Wyth bloc sydd i'w gweld yma – tri i'r dwyrain o'r ffordd a phump ar yr ochr isaf. Y sôn yw na chafodd y llinell gwrth danciau yma ei chwblhau.

Ciwbiau gwrth-danciau Nant Ffrancon

Lloches milwyr troed Nant Ffrancon (Cyfeirnod Map OS: SH 641609 a SH646603) Ychydig cyn y troad i fferm Blaen y Nant mae gweddillion dau safle ar gyfer milwyr troed yn

Yr olygfa o'r tu mewn i flwch amddiffyn Rhaeadr Ogwen

uchel ar ochr y dyffryn (Cyfeirnod Map OS: SH 641609). Mae'r safleoedd yn ymdebygu i gorlan fechan, wedi eu hadeiladu o gerrig sychion mewn hanner cylch. Mae lle i un neu ddau o filwyr yma ond wrth ddringo atynt, rhaid cyfaddef fod rhywun yn amheus iawn a fyddai'r rhain yn gwrthsefyll unrhyw ymosodiad. Eu cryfder, mae'n debyg, yw eu bod wedi eu cuddio gan y rhedyn ac yn anodd eu gweld ar ochr y graig.

Mae trydydd safle neu guddfan (Cyfeirnod Map OS: SH 646603) gyferbyn â'r ddau lwyfan mortar sbigod (Cyfeirnod Map OS: SH 643605 a 646604). Cewch lefydd i barcio ar ochr y lôn yn ddigon agos i'r safleoedd.

Llwyfan Mortar Sbigod

Llwyfan Mortar Sbigod Nant Ffrancon

Credir bod 4 llwyfan mortar sbigod i'w cael yma yn Nant Ffrancon. Mae tri ar ochr ogleddol yr hen ffordd ar hyd y dyffryn, yn agos i Ganolfan Ymwelwyr Ogwen, ac un arall ar ochr yr A5 yn agos iawn i ochr uchaf pont Telford, (sef ochr chwith y ffordd wrth i chi gerdded i lawr yr A5 i gyfeiriad Bethesda), ger y ffrwd fechan sy'n rhedeg at Raeadr Ogwen. Mae'r llwyfan mortar sbigod yma yng nghanol llwyni a choed bychan felly mae'n haws i'w weld yn ystod y gaeaf.

Ar hyd y llinellau amddiffyn, ac yn aml ger y blychau amddiffyn, gosodwyd y llwyfannau hyn ar gyfer tanio gynnau mortar sbigod. Yr hyn sydd i'w weld heddiw yw colofn goncrit a phin dur ar gyfer dal y gwn mortar.

Enw arall ar y mortar sbigod oedd y *Blacker Bombard*, ar ôl y gŵr a ddyfeisiodd y mortar, Lefftenant-Cyrnol Stewart Blacker. Y bwriad oedd y byddai'r rhain yn cael eu defnyddio gan y Gwarchodlu Cartref mewn cyfnod pan oedd prinder garw o arfau oherwydd y Rhyfel. Mae sôn nad oedd y gynnau mortar gwrthdanciau yma yn anelu'n gywir.

Mae safle llwyfan mortar sbigod arall i'w weld yn Nant Peris, ychydig i'r de-ddwyrain o Bont y Gromlech ar ochr dde'r ffordd wrth deithio i fyny am Ben y Pas.

Os gewch chi gyfle pan fyddwch yn ymweld â'r safleoedd yma yn Nant Ffrancon, edrychwch o dan bont A5 Thomas Telford i weld yr hen bont oddi tani. Gellir ei gweld o dan y bont newydd ger y llwybr am Ben yr Ole Wen.

Yr hen bont

Blwch Amddiffyn Dinas Dinlle

Blychau Amddiffyn Dinas Dinlle

(Cyfeirnod Map OS: SH4363256562)
Defence of Britain Project (Record Number 7002)
Saif y blwch sgwâr yma, sydd eto wedi ei adeiladu o garreg leol, y tu cefn i'r siop sglodion a ger y llwybr sy'n arwain at y traeth. Mae modd mynd i mewn i'r blwch yma, ac oddi mewn iddo ceir colofn goncrit yn y canol.

Y seagull trench, Dinas Dinlle

Mae'r ail flwch yn enghraifft o'r hyn a elwir yn *Seagull Trench* (Cyfeirnod Map OS: SH4368056537). Rhoddwyd yr enw 'seagull' arnynt, mae'n debyg, oherwydd y siâp neu'r ffurf 'w' sydd iddynt, yn ymdebygu i adenydd gwylan fôr. Gorwedd y blwch ar lethrau gogledd-orllewinol bryngaer Dinas Dinlle – tu cefn i'r maes chwarae plant. Mae wedi ei adeiladu o frics coch gyda tho concrit, ac mae oddeutu 21 medr o hyd – mae'r to concrit yn 300mm o drwch.

Swyddfa'r Harbwrfeistr, Caernarfon.

Ar ben yr adeilad mae wal frics, gyda dwy ffenest ar gyfer milwyr troed, wedi ei hadeiladu.

Ciwbiau gwrthdanciau Fairbourne (Cyfeirnod Map OS: SH 612130)

Ciwbiau gwrth-danciau Fairbourne

Mae'r rhain i'w gweld ar draeth Fairbourne ger Y Friog, ac yn ôl Cadw dyma'r 'enghraifft orau o amddiffynfeydd gwrthoresgyniad arfordirol sydd wedi goroesi yng Nghymru'. Adeiladwyd y ciwbiau yn ystod 1940 rhag ofn i'r Almaenwyr ymosod o gyfeiriad Iwerddon. Fe gafodd y blwch amddiffyn ei chwalu yn ystod stormydd garw 2013.

Blwch Amddiffyn Bodorgan

(Cyfeirnod Map OS: SH 391686)
Mae'r blwch o frics coch

sydd ger Bodorgan, ynys Môn, i'w weld o ochr y ffordd am Stad Bodorgan. Roedd defnydd ar gyfer gynnau yn ogystal â mortars yma, a'r pwrpas oedd amddiffyn Llu Awyr Bodorgan. Mae sôn fod yr enw 'RAF Aberffraw' wedi ei newid i 'RAF Bodorgan' gan fod yr

Blwch Amddiffyn Bodorgan

enw Aberffraw yn ormod o lond ceg i swyddogion y Llu Awyr!

Tomen Sgidiau Bwlch y Gorddinan

(Cyfeirnod Map OS: SH 699484)

Cyfnod: Ail Ryfel Byd

Heb os, un o'r safleoedd archaeolegol mwyaf anarferol, ac yn sicr un o'r rhai mwyaf diddorol yng ngogledd Cymru, yw'r Domen Sgidiau ar ben Bwlch y Gorddinan (Crimea) ar lethrau Moel Bowydd, sydd i'w weld ar ochr ddwyreiniol yr A470.

Tomen Sgidiau Bwlch y Gorddinan

Yr hyn a geir yma yw tomen, tua 35 medr ar draws, o sgidiau wedi eu llosgi, yn gorwedd ar ben tomen lechi fechan o gyfnod cynharach.

Olion y sgidiau

Y garreg sydd wedi diflannu

Roedd y gwaith llechi'n ymddangos ar Fap OS 1889. O'r ffordd gellir gweld tomen isel o bridd tywyll iawn heb ddim tyfiant arno. Wrth fynd yn agosach fe welwch filoedd ar filoedd o weddillion sgidiau hoelion y fyddin.

Y stori yw bod sgidiau milwyr yr Unol Daleithiau a'r Fyddin Brydeinig yn cael eu cludo i Neuadd y Farchnad, Blaenau Ffestiniog, yn ystod y Rhyfel ar gyfer eu didoli a'u trwsio. Os oedd modd ail-greu pâr o sgidiau byddai'r pâr newydd yn cael ei ddychwelyd i'r fyddin a byddai'r sbwriel yn cael ei losgi – ac olion y llosgi hwnnw sydd i'w weld yma heddiw ar Fwlch y Gorddinan.

Mae Pegi Lloyd Williams o Flaenau Ffestiniog yn cofio'r profiad o weithio gyda'r teulu Hackett yn Neuadd y Farchnad yn ystod y Rhyfel. Y dynion oedd yn didoli a thrwsio'r sgidiau, yn gwneud gwaith cryddion i bob pwrpas, a rôl Pegi oedd cymhorthydd i Mr Hackett.

Yn ystod Gwanwyn 2014 recordiwyd sgwrs hefo Pegi ar ffilm gan Deian ap Rhisiart a minnau er mwyn cadw atgofion Pegi ar gof a chadw. Dosbarthwyd copïau o'r ffilm i'r amgueddfeydd perthnasol, Archifdy Gwynedd ac Ymddiriedolaeth Archaeolegol Gwynedd.

Martyn Williams-Ellis (brawd Clough) oedd rheolwr Chwarel Llechwedd ar y pryd, ac ef hefyd oedd arweinydd y Gwarchodlu Cartref ym Mlaenau Ffestiniog, ac efallai fod y cysylltiad hwnnw'n esbonio pam y bu i'r sgidiau gael eu llosgi yn ddigon pell o'r dref ar lethrau Moel Bowydd. Ar un adeg bu carreg fedd ar y safle, gyda'r ysgrifen 'Esgidiau Meirw' a llun o ddwy esgid arno, ond mae hwn bellach wedi cael ei symud o'r safle.

Safle Saethu Penmaen Uchaf, Dolgellau

(Cyfeirnod Map OS: SH 70141697)

Cyfnod: Rhyfel Byd Cyntaf.

Safle saethu Penmaen Uchaf, Dolgellau
(Llun: Ymddiriedolaeth Archaeolegol Gwynedd)

Credir bod y safle saethu hwn yn dyddio'n ôl i gyfnod y rhyfel yn erbyn y Boeriaid (1899-1902) ond cafodd ei ddefnyddio'n helaeth yn ystod y Rhyfel Mawr. Bu ychydig o ddefnydd pellach ohono wedyn yn ystod yr Ail Ryfel Byd, a gall hynny esbonio pam fod y fframiau ar gyfer y targedau wedi goroesi.

Yr hyn sydd i'w weld heddiw yw chwe ffrâm haearn fyddai wedi dal y targedau, a byddai'r targedau wedyn yn cael eu codi drwy ddefnyddio olwyn a chadwyni. Lleolir y fframiau yma tu cefn i glawdd sylweddol o bridd fel bod y dynion oedd yn codi'r targedau yn saff rhag unrhyw fwledi oedd yn methu'r targed. Felly, wrth i'r targedau gael eu codi uwchben y clawdd byddai'r dynion yn gyrru neges i'r saethwyr a oedd wedi eu lleoli tua 500 llath i ffwrdd fod popeth yn iawn iddynt ddechrau saethu.

Yn ôl Ymddiriedolaeth Archaeolegol Gwynedd dyma'r unig safle o'r fath sydd wedi goroesi yma yng ngogledd Cymru. Awgrymir hefyd bod y fframiau sydd i'w gweld heddiw yn dyddio o gyfnod oddeutu 1909, a'i bod yn debygol fod y rhain wedi cael eu gwneud yn arbennig ar gyfer y safle yma am gost o £6 17s 6d (er y byddai'r gost wedi codi dros gyfnod y Rhyfel oherwydd prinder haearn – cefais yr wybodaeth yma drwy law Ymddiriedolaeth Archaeolegol Gwynedd).

Gellir esbonio lleoliad y safle saethu hwn drwy'r cysylltiad â Stad Nannau, Llanfachreth. Y teulu hwnnw oedd yn gyfrifol am filwyr yn ystod Rhyfel y Böer.

Mae ychydig o wybodaeth am y safle i'w gael ar y dudalen hon: heneb.co.uk/ww1/penmaenucha.html

Mae olion milwrol yn faes sydd wedi cael cryn dipyn o sylw gan arbenigwyr brwdfrydig dros y blynyddoedd, ond yn ddiweddar mae'r Ymddiriedolaethau Archaeolegol Cymreig wedi bod yn ychwanegu at yr wybodaeth sydd ar gael yn sgil prosiectau wedi eu hariannu gan Cadw i gofio am y Rhyfel Byd Cyntaf. Dyma ddigwyddodd yn achos safle saethu unigryw Penmaen Uchaf.

Mae'n braf gwybod bod olion yr Ail Ryfel Byd yn Nant Ffrancon bellach wedi eu rhestru, a bod safle fel y Domen Sgidiau ar Fwlch y Gorddinan nawr yn cael mwy a mwy o sylw yn y byd archaeolegol Cymreig. Fel byddaf yn dadlau bob tro, mae'r olion yma o'r ugeinfed ganrif hefyd yn olion materol dyn, ac yn haeddu'r un sylw a pharch ag unrhyw safle arall.

Cyffro yn Nant Ffrancon!

Llyfryddiaeth

Alcock, L., 1960, 'Castell Odo : An Embanked Settlement on Mynydd Ystum, near Aberdaron, Caernarvonshire', *Archaeologica Cambrensis*, CIX, tt 78-135

Babington, C. C., 1881 'Church Stretton Meeting Report', *Archaeologica Cambrensis*, X11 tt 337-368

Baring-Gould, S; Burnard, R, 1904, 'An Exploration of Some of the Cytiau in Tre'r Ceiri', *Archaeologica Cambrensis* tt 1-16

Barnwell, E. L., 1883, 'Pen Caer Helen', *Archaeologica Cambrensis*, XIV tt 192-195.

Baynes, E. N., 1908, 'The Excavations at Din Lligwy', *Archaeologica Cambrensis* tt 183-210.

Baynes, E. N., 1910, 'The Megalithic Remains of Anglesey', *The Transactions of the Honourable Society of Cymmrodorion* tt 3-91

Blight, J. T., 1867, 'Pen Caer Helen', *Archaeologica Cambrensis*, XLIX, tt 276-80

Boon, G. C., 1960, 'A Temple of Mithras at Caernarvon-Segontium', *Archaeologica Cambrensis*, CIX tt 140-171

Boon, G. C., 1963, *Segontium Roman Fort Caernarvonshire / Caer Rufeinig Seontium Sir Gaernarfon*

Bowen, E. G., resham, C. A., 1967, *The History of Meirioneth*, vol. 1, Dolgellau

Britnell, W. J.; Silvester, R. J., 2012, *Reflections on the Past, Essays in honour of Frances Lynch*, Cambrian Archaeological Association

Burnham, B. C., Davies, J. L., 2010, *Roman Frontiers in Wales and the Marches*, Comisiwn Brenhinol Henebion Cymru

Burrow, S., 2007, 'Mynydd Rhiw Axe Factory', *Archaeology in Wales*

Burrow, S., 2010, 'Bryn Celli Ddu Passage Tomb, Anglesey: Alignment, Construction, Date and Ritual', *Proceedings of the Prehistoric Society* tt. 249-270

B. R.W., 1874 'Pen Caer Helen, Llanbedr Carnarvonshire', *Archaeologica Cambrensis*, Vol 5, tt 81-82.

'Full scale of ancient Welsh stone quarry revealed', *British*

Archaeology, t 9, Rhifyn Medi/Hydref 2007.

Cambrensis, G., arg 1908, *The Itinerary Through Wales*, Cyflwyniad gan W. Llewelyn Williams (J. M. Dent & Co)

Camden, W., 1586, *Britannia*

Cope, J., 1998, *The Modern Antiquarian* (Thorsons)

Cunliffe, B., 2013, *Britain Begins* (Oxford University Press)

Davies, J. L., 2005, *Caer Rufeinig Segontiwm* (Cadw)

Evans,Th., Evans S. J., 1740, *Drych y Prifoesoedd*, tt 11-12

Flannery, K. V., 1984, 'The Golden Marshalltown', *American Anthropologist*, tt 265-278

Gardner, W., 1906, 'Notes on the Defences of Penygaer' *Archaeologica Cambrensis*, tt 257-267

Gardner, W., 1926, 'The Native Hill-forts in North Wales and their defences', *Archaeologica Cambrensis*, LXXXI, tt 221-282

Geiriadur Prifysgol Cymru, 1950

Gresham, C. A., 1972, 'Dr Gerhard Bersu's Excavations in Cwm Ystradllyn', *Archaeologica Cambrensis* tt 51-60

Griffith, J. E., 1900, *Portfolio of Photographs of The Cromlechs of Anglesey and Carnarvonshire*, Bangor

Griffiths, W. E.; Hogg, A H A, 1956, 'The Hillfort on Conway Mountain, Caernarvonshire', *Archaeologica Cambrensis* CV, t 65

Gwyn, D., 2006, *Gwynedd Inheriting a Revolution, The Archaeology of Industrialisation in North West Wales*

Hauser, K., 2008, '*Bloody Old Britain, O. G. S. Crawford and the Archaeology of Modern Life*' (Granta Books)

Hopewell, D., 2013, '*Roman Roads in North-West Wales*' (Ymddiriedolaeth Archaeolegol Gwynedd)

Hogg, A. H. A., 1960, 'Garn Boduan and Tre'r Ceiri, Excavations at two Caernarvonshire Hillforts', *Archaeological Journal*, CXVII tt 1-39.

Houlder, C. H., 1961, 'The Excavation of a Neolithic Stone Implement Factory on Mynydd Rhiw in Caernarvonshire', *Proceedings of the Prehistoric Society*, tt 108-43

Jankulak, K., Wooding, J., 2007, Iwan Wmffre, 'Post-Roman Irish Settlement in Wales: new insights from a recent study of Cardiganshire place names', *Ireland and Wales in the Middle Ages*, tt 46-61

Kenney, J., 2014, *'Gwynedd Archaeological Trust Report, 2014: Pwllheli to Blaenau Ffestiniog Gas Pipeline. Archaeological excavations carried out by Gwynedd Archaeological Trust for Wales and West Utilities'*, Project No.G2148, Report No. 1136

Lynch, F., 1970, *'Prehistoric Anglesey'* (Anglesey Antiquarian Society), ail argraffiad 1991.

Lynch, F., 1995, *A Guide to Ancient and Historic Wales, Gwynedd* (Cadw)

Nash, G., Brook, C., George, A., Hudson, D., McQueen, E., Parker, C., Stanford, A., Smith, A., Swann, J. & Waite, L., 2005, 'Notes on newly discovered rock art on and around Neolithic burial chambers in Wales', *Archaeology in Wales* 45, tt 12-16

Nash-Williams, V. E., 1969, addasiad Jarrett, M G, (ail argraffiad) *The Roman Frontier in Wales* (Cardiff, University of Wales Press)

Owen, H. D., Lewis, D. G., 2007, *Meini Meirionnydd* (Y Lolfa)

Pennant, T. arg 1810, *Tours in Wales*,Vol. III t 37

Powell, T. G. E., Daniel, G. E., 1956, *Barclodiad y Gawres, The Excavation of a Megalithic Chamber Tomb in Anglesey 1952-1953* (Liverpool University Press)

Prichard, H., 1881, 'Huts of Ardudwy', *Archaeologica Cambrensis* XII, tt 17-30

RCAHM, 1960, *An Inventory of the Ancient Monuments in Caernarvonshire Volume II Central*

RCAHM, 1964, *An Inventory of the Ancient Monuments in Caernarvonshire Volume III West*

RCAHM, 1921, *An Inventory of the Ancient Monuments in Wales and Monmouthshire, County of Meirioneth*

RCAHM, 1937, *An Inventory of the Ancient Monuments in Anglesey*

Redknapp, M., 2004, 'Viking-Age Settlement in Wales and the evidence from Llanbedrgoch', *Land, Sea and Home*, tt 139-175

Richards, A. J., 1991, *A Gazeteer of the Welsh Slate Industry*, (Gwasg Carreg Gwalch)

Rowlands, H., 1723, *Mona Antiqua Restaurata*

Rhys, J., 1877, 'Cytiau'r Gwyddelod and Treceiri', *Archaeologica Cambrensis*, XXXII tt 318-19

Savory, H. N., 1960, 'Excavations at Dinas Emrys, Beddgelert, Caernarvonshire, 1954-56, *Archaeologica Cambrensis*, CIX, tt 13-77

Smith, G. H., 2009, *Nant Farm Prehistoric Burnt Mound, Porth Neigwl, Llanengan, Gwynedd: Assessment Recording and Rescue Excavation 2008 Preliminary Report*, Project No. G2010, Report No.796.

Stanley, W.O., 1868, 'On the remains of ancient circular habitations in Holyhead Mountain', *Archaeologica Cambrensis*, XXXIX, tt 385-433

Stanley, W. O., 1871, *Cyttiau'r Gwyddelod, Antiquities in Holyhead Island and Anglesey*

Williams, W., 1995, *Mwyngloddio ym Mhen Llyn / The Llyn Peninsula Mines* (Gwasg Carreg Gwalch)

www.rhiw.com

Ymddiriedolaeth Archaeolegol Gwynedd 2012, 2013, *Cyhoeddiad Tre'r Ceiri* (G2245)